# 孔子妙语

## 论做人

孙浩◎编著

中国华侨出版社
·北京·

图书在版编目 (CIP) 数据

孔子妙语论做人 / 孙浩编著 .—北京：中国华侨出版社，
2012.9（2024.7 重印）
ISBN 978-7-5113-2887-8

Ⅰ . ①孔… Ⅱ . ①孙… Ⅲ . ①孔丘（前 551 ~ 前 479）– 人生哲学
Ⅳ . ① B222.2

中国版本图书馆 CIP 数据核字（2012）第 208878 号

# 孔子妙语论做人

| | |
|---|---|
| 编　　著：孙　浩 | |
| 责任编辑：唐崇杰 | |
| 封面设计：周　飞 | |
| 经　　销：新华书店 | |
| 开　　本：710 mm×1000 mm　1/16 开　　印张：12　　字数：136 千字 | |
| 印　　刷：三河市富华印刷包装有限公司 | |
| 版　　次：2012 年 9 月第 1 版 | |
| 印　　次：2024 年 7 月第 2 次印刷 | |
| 书　　号：ISBN 978-7-5113-2887-8 | |
| 定　　价：49.80 元 | |

中国华侨出版社　北京市朝阳区西坝河东里 77 号楼底商 5 号　邮编：100028
发 行 部：（010）64443051　　　传　真：（010）64439708
网　　址：www.oveaschin.com　E－m a i l：oveaschin@sina.com

如果发现印装质量问题，影响阅读，请与印刷厂联系调换。

20 世纪 80 年代初，数十位历届诺贝尔奖得主在法国巴黎集会，共同探讨 21 世纪人类需要怎样的思想来维持和平共存的局面，最后他们达成共识，那就是——孔子思想。

孔子生于春秋乱世，他的成长背景平凡而贫穷，然而在一切不利因素的阻碍之下，孔子却激发出了伟大的生命潜能，最终为世人展现了"人"的完美典型。于是，孔子被后人尊称为"圣人"。

对于孔子，后世曾有人这般评价说："夫子之文章，可得而闻也；夫子之言性与天道，不可得而闻也。"孔子的话，绝大多数是针对人性而发。虽然时隔千年之久，沧海已成桑田，但自古以来唯一鲜有变化的就是人性，所以说，即便是千年之后的现代人品味起孔子的那些妙语，依然可以获得很大的启益与帮助。

而且经过历史的考验与证明，孔子那为人处世的智慧确实是值得世人研究与传承的经验，所以直至今日，孔子一直被国人视为心目中独一无二的"圣人"，甚至国际上许多伟大的人物也将其敬为"老师"。

由此可见，孔子的为人处世的智慧不仅对中国有着深远影响，乃至在整个亚洲、在全世界，它都是弥足珍贵的思想艺术瑰宝。

　　仔细品味孔子的智慧语录，你会发现在那个"礼崩乐坏"的乱世之秋，他已然建立起了一套完善合理的人生观。正因如此，他的一生才可以从容不迫，一如行云流水；安定稳健，一如东岳泰山。现代人追求物质而轻忽精神生活，重新解读孔子的语录，感悟那延续千年的智慧，足以让我们归根复命，走出一个美好的未来。

　　本书立旨于此，选取孔子为人处世智慧的精髓部分加以延伸，翻开书页，嗅着书香，您将对如何提高个人修养、如何合理地调整生活、如何在社会上立足、如何协调人际关系、如何工作、如何学习等问题，形成一个全新的认识。

　　重温经典，追慕先贤，是一种穿越时空的心灵交流。笔者衷心地希望读者能够与这种元气淳厚、自然酣畅的古典文化精神贴近交融，让自己的人生从此进入一个崭新的层面。

　　最后提醒大家，孔子学说的经典需要"行"，而不只是"读"。若熟记于心而不践于行，那么一切都是枉然。所以，品读孔子的智慧，最好是把可用之处实践于日常生活之中。

## 第一章 妙语连珠道修养：

### 仁义修心，礼信修身

做事先做人，做人先修心。修养是一个人立足于社会的根本，做人倘若连起码的道德修养都成问题，做起事来不顾礼义廉耻，只图自己的一时之利、一时之乐，那么即便暂时能够侥幸得到些什么，也终究会得不偿失。因为得到的是不义的利益，失去的却是弥足珍贵的人心。

## 第二章　圣人之心述伦理：

### 君子笃亲，朋友相惜

对待亲情、友情的态度，最能体现一个人的为人品质。如果说，对于生我、养我的父母，尚且没有孝敬之心，对于一奶同胞的兄弟姐妹尚不能互敬互爱，对于患难与共的朋友都不能诚心相交，为一己私利，便可置亲情、友情于不顾，这样的人可以说是毫无人性的。当然，必然会受到他人、社会的孤立、排斥，甚至是惩罚。

## 第三章　千秋智慧言生活：

### 不可怨天，亦莫尤人

人生一世，苦辣酸甜不容易。然而，即便有再多的困惑与苦恼，都不应该消极地对待生活。须知，人的生活是随着心态而变的。你怨天尤人，消极对抗生活，不作为，那么生活必然不会善待与你；你若心中充满阳光，将生活当成女朋友，允许她偶尔发点小脾气，用心地去经营她，那么她也一定会让你感受到幸福。

## 第四章 虚怀若谷探为学：

### 学无止境，上下求索

书山有路勤为径，学海无涯苦作舟。人不学则不进！细思之，其实人生就是一个学习的过程——从蹒跚学步到咿呀学语；从小学到中学、到大学；从学着独立生活到学着驾驭工作，其中任何一个环节出现问题，都足以令我们的人生急转直下。所以，不要慵懒、不要散漫，用心去学习你该学的一切，如此你才能书写好自己的人生篇章。

# 古为今用学交往：
## 益者近之，损者远之

毋庸置疑，人活着就必然有交际，每个人都活在一个或几个朋友圈中。不过，对于朋友，我们也要有选择性，古人就曾说过"近朱者赤，近墨者黑"。一旦你进入了一个圈子，这些朋友将是你一生中对你影响最深的人。有选择性地加入对你将来发展有利的圈子，多向圈子中的前辈求教，会使你的人生获得很大的益处。

益者近之，损者远之　//094

捕捉细节，察人识人　//097

与人交往，不以貌取　//100

志同道合，亦师亦友　//102

言行得当，不失人气　//106

忠告善道，不可则止　//108

君子之交，和而不同　//111

# 中庸之道论处世：
## 为人中正，灵活应变

正所谓"世事洞察皆学问，人情练达即文章"。孔子处世遵循中庸之道，即"为人中正，灵活应变"，把一切做得恰到好处。显然，这不是一件容易的事情，因为它包含了很多方面的内容，说实话，即便圣贤如孔子也不能做得面面俱到。不过，只要我们能够恪守做人的准则，并在此基础上灵活地应对这世间的人和事，那么，你的人生就会很成功。

## 第七章 深谋远虑谈管理：
### 为政以德，譬如北辰

大千世界，人之一物，最是难管。管人，关键是管理者的态度和德馨，讲究的是策略和手段，强调的是细节和效果。管理者需要坐正自身、厚德载物，需要深谋远虑、运筹帷幄，让局面尽在掌握之中，只有如此，方能控制好管人的节奏，让管理走上顺风路。

第八章

# 金玉良言话职场：

## 以道事君，不可则止

如何才能在职场上少遇坎坷？这就要求我们去遵循一个"道"。所谓职场之道，既是我们的职业态度，也是我们的求进精神；既是我们的做事原则，也是我们的处世艺术。一个人若是匮乏职业精神，好逸恶劳、自由散漫，又不懂与人合作、与人相处，别说难以成才，就是天生才华横溢，也是无法得到发挥的。职场人士需要做到：在内坚持自我，积蓄力量；在外圆融无碍，善于与人相处，这才是职场生存的不二法门。

# 第一章 / chapter 1

## 妙语连珠道修养：
## 仁义修心，礼信修身

做事先做人，做人先修心。修养是一个人立足于社会的根本，做人倘若连起码的道德修养都成问题，做起事来不顾礼义廉耻，只图自己的一时之利、一时之乐，那么即便暂时能够侥幸得到些什么，也终究会得不偿失。因为得到的是不义的利益，失去的却是弥足珍贵的人心。

# 胸怀坦荡，人生宽广

子曰："君子坦荡荡，小人长戚戚。"

——《论语·述而第七》

俗话说，心底无私天地宽。古今中外的所谓"君子"，之所以能够品行正、修养好、境界高，原因即在于他们拥有一个坦荡的胸怀，因此，也能拥有一个宽广坦荡的人生。而小人则恰好相反，他们心思狭隘，欲求甚多，所以经常局促忧愁。

做人，倘若没有一个宽广的胸怀，就无法形成一种平静的心态。一个人若是内心十分充实，即在道德、人格、知识、趣味、情感等方面，比较完善，达到一定境界，有一个广阔的胸襟，心里容量大，就能有正确的自足感，能够避免无节制地被外界事物刺激和骚扰，视名利、权势、情欲为身外之物，不会过于计较。内心保持这样的境界，无论得意的时候或是艰难困苦的时候，都会是很乐观的。当然这不是盲目的乐观，而是自然的胸襟开朗，对人也没有仇怨。为人处世能养成这种"坦荡荡"的境界，具备这种豁达胸怀，便能使修身治性具有基本的保证，修身正己就有了一种自觉性，会产生一种满足感、愉悦感。

## 案情陈列

在我国宋代，有这样一位贤士，他的名字叫程颢。

程颢少年即中进士，后久任地方官，理政以教化为先，所辖诸乡皆有乡校。他为人宽厚，平易近人，待人接物"浑得一团和气"。他不仅"仁民"，而且"爱物"，"其始至邑，见人持竿道旁，以黏飞鸟，取其竿折之，效之使勿为"，人们议论说，"自主簿折黏竿，乡民子弟不敢畜禽鸟。不严而令行。大率如此"。但是，为了破除神怪迷信，他却敢于斩巨龙而食其肉："茅山有龙池，其龙如蜥蜴而五色。祥符中，中使取二龙，至中途，一龙飞空而去，自昔严奉以为神物。先生尝捕而脯之，使人不惑。"

程颢任镇宁军节度判官时，适逢当地发生洪水，曹村堤决，州帅刘公涣以事急告。他当即从百里之外一夜驰至，对刘帅说："曹村决，京城可虞。臣子之分，身可塞亦为之。请尽以厢兵见付，事或不集。公当亲率禁兵以继之。"刘帅遂以官印授予程颢，说："君自用之。"程颢得印后，径走决堤，对士卒们说："朝廷养尔军，正为缓急尔。尔知曹村决则注京城乎？吾与尔曹以身捍之！"士众皆被感而自效力。他先命善泅者衔细绳以渡，然后引大索以济众，两岸并进，昼夜不息，数日而合。

在进身仕途的同时，程颢也不失归隐林泉的仙家道趣，他曾写诗说："吏纷难久驻，回首美渔樵。""功名未是关心事，道理岂因名利荣。""辜负终南好泉石，一年一度到山中。""襟裾三日绝尘埃，欲上篮舆首重回。不是吾儒本经济，等闲争肯出山来。"正因为有这样的修养和情操，才使他获得了温润、宽厚、和气、纯粹等美德。他那种大中到正的人格形象，对世人具有很大的示范和感化作用，这也是他对后世产生较大影响的一个重要原因。程颢后来以双亲年老为由求为闲官，居洛阳十几年，与其弟程颐讲学于家，化行乡党。其教人则说："非孔子之道，不可学也。"士人从学者不绝于馆，甚至有不远千里而至者。

## 妙语新悟

做人若坦荡为怀，率性而为，自然不会在乎钱财的富足与官爵的显赫，而寻求的是心无牵念。抛弃名利的心头枷锁，无论思想抑或理智皆能得到自由。得利心不高，失利心不下，淡泊明志，宁静致远，见利让利，处名让名。或许在别人看来，你未免有些"傻"，但事实上，这才是一个人安身立命、攫取幸福的法宝。

然而在生活中，有些人却反其道而行之，他们稍微做出点成绩，便沾沾自喜，自以为功成名就，就可以天天吃老本了，从此便失去了新的奋斗目标。这种做法是不足取的。鲁迅说："自卑固然不好，自负也是不好的，容易停滞。我想顶好是不要自馁，总是干；但也不可自满，仍旧总是用功。"

坦荡地面对这世间的一切，纵然身处逆境，仍从容自若，以超然的心情看待苦乐年华，以平常的心情面对一切荣辱。平常心是一种人生的美丽，不虚饰、不做作、襟怀豁然、洒脱适意的平常心态不仅能给予你一双潇洒和洞穿世事的眼睛，同时也使你拥有一个坦然充实的人生。

在社会竞争日益激烈的今天，拥有一颗坦荡的心，对于身体的健康和事业的成败都是至关重要的。当然，这种心态是要经过失败与挫折，通过不断奋斗努力，才能历练出的人生境界。它不为一切浮华沉沦，不为虚荣所诱。

我们用不着羡慕别人美丽的光环，只要我们拥有一份坦荡的胸怀，尽自己所能，选择自己的人生目标，勇敢地面对人生的各种挑战，无愧于社会、无愧于他人、无愧于自己，那么，我们的心灵圣地就一定会阳光灿烂，鲜花盛开。

一个人达到了如此的境界，就会自得其乐，不会因得失荣辱而耿耿于怀。反之，就难以体验到工作与人生的乐趣；更严重者，则会执着于贪念，使人生面临着重重的危机。

# 心怀善念，仁者无敌

子曰："苟志于仁矣，无恶也。"

——《论语·里仁第四》

人之善恶只在一念之间，一点善是善，只要做了，就能给人以温暖。一点恶是恶，只要做了，也能给人以损害。孔子说："一个人如果立志去实行仁德，那就不会去做坏事。"他在奉劝世人，务必常把善念存于心中，而不要因为某个坏习惯不起眼就不去重视，应在日常生活中的细节上加强道德修养，不以善小而不为，不以恶小而为之，这样才能避免因小失大。

在生活中，我们必须谨言慎行。从一点一滴之间要求自己，做到为善。只有这样，我们才不至于在人生的沟沟坎坎中马失前蹄，断送我们本该美好的前途。

然而，在当代社会，随着市场经济的发展，很多人错误地认为，所谓的"仁爱、良心"已经没有实际作用了，这其实是一种既狭隘又短浅的观点。从长远的发展看，立志行仁，内心就会有一种向善的自律力量，它会使一个人产生崇高的使命感和责任感。我们不但拥有了推动生活、事业的正确力量，而且也能够使你在整个前进的路上都不会产生内在的焦虑、彷徨，同时令外界见不得人的干扰、攻击对你敬畏而远之。

要知道，无论在古代还在当前，时代的变化都不能改变事物自身的规律。用心险恶、手段卑劣，虽然有时候能获取蝇头小利和短暂的好处，但毕竟不是正道；只有内心仁德平和，行为光明正大，才是能够成就大事、行之久远的正确的做人做事途径。

## 案情陈列

曹彬是北宋开国元勋，以仁义著称于世。

曹彬在出师南唐时，也从不邀功。在围攻金陵（今南京）时，曹彬怕将士残害百姓，自己佯装生病，要求将士们焚香发誓，攻城时不妄杀一人。宋军攻城后，受到城内老百姓的欢迎。曹彬对请降的南唐李后主和大臣们好言安慰，待之以宾礼。曹彬班师还朝后，并没有上书表功，只写道："奉敕江南干事回。"意思是说皇上交代我去江南做的事已经完成了。在出师之前，皇上说过，如果曹彬能平定南唐，要委任曹彬为宰相。所以副帅潘仁美预先向他祝贺，曹彬却淡淡地笑着说："不是这样，我只是履行自己的职责而已，这完全仰仗天威，遵从朝廷对战事进行的谋划，才能成功的。我有什么功劳呢？更谈不上丞相这个极品的官职。"

曹彬虽位高权重，但家无余财，其薪俸多散给了亲族。《宋史》中说他："伐二国（后蜀、南唐），秋毫无所取。位兼将相，不以等威自异。"他在朝廷从没有违逆过皇上的旨意，也从没有议论别人的过失。曹彬在路上即使遇到士大夫的车子，也要让自己的车马避路让行。他从不直呼手下官吏的名字，表示对他们的尊重。每当有禀告事情的，他都要整衣戴冠后才接见。对于自己的僚属，他总是推己及人，宽宏大度。曹彬在徐州为官时，有一吏员犯罪，应处以杖刑，但曹彬却要一年后才杖罚他，人们都不知道原因。曹彬说："我听说此人新婚，如果马上杖罚，他的父母必然以为是儿媳妇带来的不吉利，从而会招致日夜鞭打责骂她，使其难以自存。我拖延杖罚那个官员，于法也并不妨碍。"

曹彬死后，宋真宗哭得非常悲痛，每次与大臣们谈起曹彬，都痛哭流涕。后追赠曹彬为中书令，封济阳郡王，与宰相赵普同配飨太祖庙庭。后人尊称曹彬为北宋第一良将。

## 妙语新悟

大家都知道，宋太祖赵匡胤曾以醉酒为名，大收武将兵权，而曹彬却能得以幸免，想必这与他的仁义性格是分不开的。

歌德曾经说过："怀仁爱之心，则轻于财富。存义勇之心，则轻于灾难。既有仁爱之心，又有义勇之怀，则无所畏惧。"这就是所谓的"仁者无敌"。其实这是谁都明白的道理，但并不是谁都能够做到的，因为这不仅需要有宽如大海的心胸，更需要以"志于仁"来做支撑。

一个人能心志于仁，不做坏事，无论何时何地，都不会真正地吃大亏、被欺负。而从整个社会的发展规律来看，这种人也是符合道德取向和职业需要的。

在现实生活中，我们可以这样做：遇到奸猾狡诈之徒，就用赤诚之心来感动他；遇到乖张暴戾之徒，就用温和态度来感化他；遇到私心过重、行为不端之徒，就用大义来激励他……若能如此，那天下人都将为我们的美德所感化。

# 送人玫瑰，手有余香

颜渊、季路侍。子曰："盍各言尔志？"子路曰："愿车马

衣（轻）裘，与朋友共，敝之而无憾。"颜渊曰："愿无伐善，

无施劳。"子路曰："愿闻子之志。"子曰："老者安之，朋友信之，

少者怀之。"

——《论语·公冶长第五》

一念之间，种下一个善因，很有可能会令你收获意想不到的善果。做人，没有必要太过计较，与人为善，又何尝不是与己为善？当我们为人点亮一盏灯时，是不是同时也照亮了自己？当我们送人玫瑰之时，手上必然还缠绕着那缕芬芳。

一次，颜渊、子路侍立在孔子身边。孔子说："何不各人说说自己的志向？"子路说："我愿意把自己的车、马、衣服、皮衣和朋友共同使用，用坏了也不抱怨。"颜渊说："我愿意不夸耀自己的长处，不表白自己的功劳。"子路说："愿意听听老师您的志向。"孔子说："我愿意使老年人生活安逸，使朋友能互相信任，使孩子们得到关怀并受到良好的教养。"孔子此语与杜子美那句"安得广厦千万间，大庇天下寒士俱欢颜"有着异曲同工之处。面对尘世的纷扰，他们首先想到的不是自己，而是惦念着那些更需要帮助的人。这样的人，无论生在哪一时代，都会受到他人的尊敬。

其实，助人就是助己，这样做了，你一定能够体会到它的妙处。

## 案情陈列

日已西沉，一个贫穷的小男孩因为要筹够学费，还在逐户做着推销。此时，筋疲力尽的他腹中一阵作响。是啊，已经一天没吃东西了！小男

孩摸摸口袋——那里只有 1 角钱，该怎么办呢？思来想去，小男孩决定敲开一家房门，看能不能讨到一口饭吃。

开门的是一位年轻美丽的女孩子，小男孩感到非常窘迫，他不好意思说出自己的请求，临时改了口，讨要一杯水喝。女孩见他似乎很饥饿的样子，于是便拿出了一大杯牛奶。小男孩慢慢将牛奶喝下，礼貌地问道："我应该付多少钱给您？"女孩答道："不需要，你不需要付一分钱。妈妈时常教导我们，帮助别人不应该图回报。"小男孩很感动，他说："那好吧，就请接受我最真挚的感谢吧！"

走在回家的路上，小男孩感到自己浑身充满了力量，他原本是打算退学的，可是现在他似乎看到上帝正对着他微笑。

多年以后，那位女孩得了一种罕见的怪病，生命危在旦夕，当地医生爱莫能助。最后，她被转送到大城市，由专家进行会诊治疗。而此时此刻，当年那个小男孩已经在医学界大有名气，他就是霍华德·凯利医生，而且也参与了医疗方案的制订。

当霍华德·凯利医生看到病人的病历资料时，一个奇怪的想法确切地说应该是一种预感直涌心头，他直奔病房。是的！躺在病床的女人，就是曾经帮助过自己的"恩人"，他暗下决心一定要竭尽全力治好自己的恩人。

从那以后，他对这个病人格外照顾，经过不断的努力，手术终于成功了。护士按照凯利医生的要求，将医药费通知单送到他那里，他在通知单上签了字。

而后，通知单送到女患者手中，她甚至不敢去看，她确信这可恶的病一定会让自己一贫如洗。然而，当她鼓足勇气打开通知单时，她惊呆了。只见上面写着：医药费——一满杯牛奶——霍华德·凯利医生。

## 妙语新悟

爱默生曾说："此生最美妙的报偿就是，凡真心帮助他人的人，没有不帮助自己的。"这真是一句大实话。

然而，由于人的自私本性，每个人都希望能"人人为我"，却不愿去践行"我为人人"。结果，就导致人在社会中没有安全感和关爱感。假如人人都能够心怀他人，互相信任，互相帮助，那么也会最终惠及自身的。因为处在一个好环境之中，远比处于一个恶劣环境中能得到更多的精神、物质上的双重实惠。

在平常的日子里，我们为马路乞讨者送上一块蛋糕，为迷路者指点迷津，用心倾听失落者的诉说……这些看似平常的举动，就会在潜移默化中洗涤我们的心灵，将我们的道德修养提升到一个新的高度。从另一个角度来讲，在助人的同时，我们也可以培养自身的实力。就像人们常说的那样："帮助别人往上爬的人，一定会爬得更高。"

当我们懂得付出、帮助、爱、分享，实际上我们就生活在了天堂之中；若只为自己，自私自利，损人利己，实质就等于生活在地狱里。地狱和天堂就在自己的心里。帮助别人的时候，同时也就是在帮助自己。

"赠人玫瑰，手有余香"，付出总会得到一定的回报。那些心中只有自己的人很难在社会上立足，因为没有众人的支持与帮助，任谁也无法成就一番事业。

# 贫有其乐，富不忘礼

子贡曰："贫而无谄，富而无骄，何如？"子曰："可也。未若贫而乐，富而好礼者也。"

——《论语·学而第一》

是否懂得礼节，是人有别于动物的主要标志——"鹦鹉能言，不离飞鸟；猩猩能言，不离禽兽；今人而无礼，虽能言，不亦禽兽之心乎？……是故圣人作，为礼以教人，使人以有礼，知自别于禽兽"（《礼记·曲礼上》）。礼节，是规范人类行为的一种俗成准则，从一个国家的民众是否知礼懂礼上，我们往往便可判断出它和文明程度——"礼，经国家，定社稷，序民人，利后嗣者也。"

孔子所在的社会，"礼崩乐坏"、"天下无道"，这令他痛心疾首。所以，在孔子讲学布道、奔走四方的过程中，一直致力于对礼的修复。他希望上至国君，下至百姓，都能够恪守礼道，以礼兴仁、以礼治国，重现华夏礼仪之邦的本色。于是，他以身作则，大力倡导，显然而为一代礼学大师。

一次，孔子的学生子贡问他："贫穷而不去巴结人，富裕而不骄傲自大，这种人怎么样？"孔子说："可以了。但还不如贫穷而仍然快乐，富裕而好礼节的人。"这是孔子对"礼"的更深一层见解，在孔圣人看来，"贫而无谄"，仅仅是"固穷"，是穷人保持自己尊严的最后底线；"富而无骄"也只能算是一种消极的不作为。这两种行为的心理背景，仍然存在严重的贫富界限。因此，这还算不上一种超脱的人生认知境界。而"贫而乐，富而好礼"，则完全把"贫"、"富"抛开，而以发自内心的生命喜悦和谦仁礼让作为生活的最实质性的内容与准则。能够达到这一境界的人，才是真正的贤者，才是真正懂生活、会生活的人。

## 案情陈列

东汉严子陵与光武帝刘秀之间的轶事，便是"贫有其乐，富不忘礼"的典范。

严光，字子陵，年轻时曾是汉光武帝刘秀的同窗，有很高的名望。刘秀称帝后，告示天下，令人寻找严子陵。但是仅有名字不好找，于是光武帝召集宫廷的一流画家，描绘出严子陵的容貌，直到画得形神毕肖后，便复制了许多份，颁发天下，让各地官吏负责寻找严子陵。过了许久仍杳无音信，汉光武帝十分焦虑。

有人冒充严子陵，刘秀召见后，一一否决。时间过了许久，严子陵仍然没有一点儿消息，刘秀忧心忡忡。

严子陵到底在哪里呢？

严子陵看到刘秀打得天下，知道定会封他做官，可他生来厌恶官场，不愿意享受朝廷俸禄。于是，他隐姓埋名，在齐县境内富春山中过起了隐士的生活。一天到晚，垂钓于溪水之中，怡然自得。

有一天，一个农夫上山砍柴，又累又渴，便到河边喝水，看见一人独自坐在河边钓鱼。他越看越觉得这个钓鱼人面熟，回到镇上，看到集市上张贴的画像，农夫才明白，山中的钓鱼人就是刘秀出重金寻找的严子陵。农夫顾不得一天劳累，扔下柴火，飞一样跑到衙门，把此事报告了县令，农夫也因此得到了一份奖赏。

齐县县令上书光武帝："有一个人，身披着羊皮大衣，在富春山溪水边钓鱼，很像严子陵。"

刘秀立即命官吏备好车马，装上优厚俸禄，想把严子陵请出富春山，然而，官车去了又回，均无多大收获。这天，官吏又一次来到富春山，严子陵说："你们认错人了，我只是普通打鱼人。"使者不管他怎么解释，硬是把他推进了官车，快马加鞭，送他到了京城。严子陵住进了刘秀特意为他安排的房子，每日饭菜相当可口，数十名仆人为他效劳，然而对于这些他不屑一顾。

侯霸与严子陵也是旧时好友。此时的侯霸已今非昔比，他接替伏湛做了汉朝的大司徒。侯霸听说严子陵已到皇宫，就让臣下侯子道给严子陵送去一封书信，表示对严子陵的问候。一见严子陵，侯子道恭恭敬敬地把信递了过去。此刻，严子陵正斜倚在床上，听到是大司徒侯霸派人送信，仍然面无喜色。接过信，大概一看，便放在了桌子上。侯子道以为严子陵因为侯霸没有亲自看望而不愉快，忙又说："大司徒本想亲自迎接您，因为公事繁忙，一刻也脱不开身。晚上，他一定抽空登门拜访，请严先生写个回信儿，也好让我有个交代。"

严子陵想了片刻，命仆人拿出笔墨，他说，让侯子道写。信中写道："君房（侯霸字君房）先生，你做了汉朝大司徒，这很好。如果你帮助君王为人民做了好事，大家都高兴；如果你只知道奉承君王，而不顾人民死活，那可千万要不得。"他说到这儿停了下来，侯子道请他再说些什么，严子陵没有吭气儿，侯子道讨了个没趣回到了侯霸那里。

侯霸听完侯子道的话，面有怒色，觉得严子陵不把他这个大司徒放在眼里。于是把严子陵的一番话报告给了刘秀，谁知刘秀却说："我了解他，就这倔脾气。"

当天，刘秀去看望严子陵。皇帝亲自登门，这可是件大事儿，得远迎才对。可严子陵根本不理，躺在床上养神。刘秀进来后，看到他这幅情景，并不恼火，走过去用手轻轻地拍了拍严子陵的肚子，亲切地说："老同学，你难道不念旧情，帮我一把吗？"严子陵说："人各有志，你为什么一定要逼我做官呢？"刘秀听后长长地叹了口气，失望地走了。

有一晚，刘秀与严子陵叙旧。刘秀问："我比从前怎么样？"

"嗯，有点儿进步。"严子陵大模大样地回答道。

那晚，两人睡在一起，严子陵故意大声打呼噜，并把腿压在刘秀身上，刘秀毫不介意。第二天早上，太史惊慌地来汇报："皇上，昨晚微臣观察天象，发现有一客星冲犯帝星。"刘秀轻描淡写地说："没啥大不了，昨晚我和严子陵在一起。"

刘秀封严子陵为谏议大夫，他不肯上任，仍旧回到富春山中过他的隐士生活，种种地，钓钓鱼。富春山边有条富春江，江上有个台子，据说是当年严子陵钓鱼的地方，称为"严子陵钓台"。

## 妙语新悟

严子陵虽有名望与才情，但无意于富贵，固守清贫，寄情于山水，亦能自得其乐；光武帝刘秀虽慕严子陵之才，但能够尊重他的意愿，以礼相待、不以王者身份压人，实为难得。他们对于彼此的态度和行为以及那种超脱的关系，也可算得上是一段佳话了。

其实，人活在世上，能否真正体会到幸福，关键在于心态，贫或富只是一种外在因素，真正有道的人是不会为其左右的。况且，贫或富也是一种像浮云一样变幻不定的东西，贫而自哀或是富而忘礼，都是轻薄不明智的，不为智者所取。

有礼走遍天下，无礼寸步难行。礼是一个人立世的根本，它的养成来源于生活中的点滴积累，尊礼、守礼不是做给别人看的，而是一种自觉的行为修养。古人云"富贵不能淫"，这便是对"礼"字的一种忠诚与坚守。一个人即便飞黄腾达，既富且贵，但也不要忘记自己是如何一步步地走过来的，只有不忘本，不骄狂、不放纵，时刻将"礼"字铭记于心，时刻保持温良谦恭的本色，才不至于在人生的旅途中迷失方向。

同样，"贫贱不能移"。清贫一点没什么，但不要失了气节与礼仪。倘若我们能够以礼行天下，以乐观的心态去待人接物，那么很多不必要的烦恼自然就会烟消云散，我们的人生之路自然也会走得更加畅通。

# 保持理智，无欲则刚

子曰："枨也欲，焉得刚？"

——《论语·公冶长第五》

有人说申枨是刚强之人，孔子不同意，他说："申枨的欲望太多，怎么会刚强？"孔子的这句话揭示出一种常见现象，即吃人家嘴软，拿人家手短，人一旦在欲望的驱使下，以非正常方式从别人那里得到利益，那么在对方面前他就很难刚强起来了。可见，孔子对于人性的了解是非常透彻的。

清末民族英雄林则徐在禁烟时，曾为自己写过一副对联："海纳百川有容乃大，壁立千仞无欲则刚。"他的这副对联寓意深刻，意在告诫自己：只有广纳人言，才能博采众长，把事情做得更好；只有杜绝私欲，才能如大山般刚正不阿，屹立于世。林则徐授命于民族危难之际，以此来警醒自己。他所倡导的这种精神着实令人敬佩，对于后人而言也有莫大的借鉴意义。

事实上，欲是人的一种生活本能。人活于世，必然会有各种各样的欲望，从某种意义上说，欲望也是促使人上进的一种动力。所谓"无欲则刚"，并不是要人们彻底压抑欲望，而是要有尺度地克制私欲。人一旦能够克制住私欲，就能清心寡欲，淡泊守志；能够克制住私欲，就能刚锋永在，清节长存。相反，欲望过度，就会心生贪念。人一旦与这个"贪"字挂钩，必然欲壑难填，攫求无度，最终导致纵欲成灾。

## 案情陈列

相传宋仁宗年间，深泽某村，一个只有母子两个人的家庭。母亲年迈多病，不能干活。儿子王妄，三十岁，还没讨上老婆，靠卖些草来维持生活，日子过得很苦。

这一天，王妄跟以往一样到村北去拔草，无意之中，发现草丛里有一条七寸多长的花斑蛇，浑身是伤，动弹不得。王妄动了怜悯之心，带回了家，小心翼翼地为它冲洗涂药，蛇苏醒后，冲着王妄点了点头，表达它的感激之情。母子俩见状非常高兴，赶忙为它编了一个小荆篓，小心地把蛇放了进去。从此，王妄母子俩对蛇精心地护理，蛇的伤逐渐痊愈，蛇身也渐渐长大，而且总像是要跟他们说话似的，很是可爱，为母子俩单调寂寞的生活增添了不少乐趣。日子一天天过去，王妄照样打草，母亲照样守家，小蛇整天在篓里。一天，小蛇觉得闷在屋子里没意思，便爬到院子里晒太阳。让人意想不到的是，蛇被阳光一照，变得又粗又长，有如大梁，撞见如此情景的王母惊叫一声昏死过去。等王妄回来，蛇已回到屋里，也恢复了原形，却用人类的语言着急地向王妄说："我今天失礼了，把母亲给吓死过去了，你赶快从我身上取下三块小皮，再弄些野草，放在锅里煎熬成汤，让娘喝下去就会好。"王妄说："不行，这样会伤害你的身体，还是想别的办法吧！"花斑蛇催促着说："不要紧，你快点，我能顶得住。"王妄只好流着眼泪照办了。母亲喝下汤后，很快苏醒过来。母子俩又感激又纳闷，可谁也没说什么。王妄再一回想每天晚上蛇篓里放金光的情形，更觉得这条蛇非同一般。

话说宋仁宗整天不理朝政，宫里的生活日复一日，没什么新样，觉得厌烦，想要一颗夜明珠玩玩，就张贴告示，谁能献上一颗，就封官受赏。这事传到王妄耳朵里，回家对蛇一说，蛇沉思了一会儿说："这几年来你对我很好，而且有救命之恩，总想报答，可一直没机会，现在总算能为你做点事了。实话告诉你，我的双眼就是两颗夜明珠，你将我的一只眼挖出来，献给皇帝，就可以升官发财，老母也就能安度晚年了。"

王妄听后非常高兴，可他毕竟和蛇有了感情，不忍心下手，说："那样做太残忍了，而且你会疼得受不了的。"蛇说："不要紧，我能顶住。"于是，王妄挖了蛇的一只眼睛，第二天到京城，把宝珠献给皇帝。满朝文武从没见过这么奇异的宝珠，赞不绝口，到了晚上，宝珠发出奇异的光彩，把整个宫廷照得通亮，皇帝非常高兴，封王妄为京城大官，并赏了他很多金银财宝。

皇上看到宝珠后，很喜欢，占为己有。西宫娘娘见了，也想要一颗。不得已，宋仁宗再次下令寻找宝珠，并说把丞相的位子留给第二个献宝的人。王妄想："我把蛇的第二只眼睛弄来献上，那丞相不就是我的了吗？"于是到皇上面前说自己还能找到一颗，皇上高兴地把丞相给了他。可万没想到，王妄的卫士去取第二只眼睛时，蛇无论如何也不给，说非见王妄才行，王妄只好亲自来见蛇。蛇见了王妄直言劝道："我为了报答你，已经献出了一只眼睛，你也升了官，发了财，就别再要我的第二只眼睛了。人不可贪心。"王妄早已鬼迷心窍，哪里还听得进去，厚颜无耻地说："我不是想当丞相吗？你不给我怎么能当上呢？况且，这事我已跟皇上说了，官也给了我，你不给不好收场呀，你就成全了我吧！"他执意要取蛇的第二只眼睛，蛇见他变得这么贪心残忍，早气坏了，就说："那好吧！你拿刀子去吧！不过，你要把我放到院子里再去取。"王妄早已等待不得，对蛇的话也不分析，一口答应，就把蛇放到了阳光照射的院子里，转向回屋取刀子。等他出来剜宝珠时，蛇身已变成了大梁一般，张着大口冲他喘气。王妄吓得魂都散了，想跑已来不及，蛇一口就吞下了这个贪婪的人。

## 妙语新悟

人心不足蛇吞象，王妄的死完全是咎由自取。我们可以将故事中的蛇视为利益的象征，一个人倘若像王妄一样，为了追求利益，弃礼义廉耻、恩情道义于不顾，不择手段地索取，那么，他的灵魂终将会被利益化身的巨蛇所吞食。这是不是该让现代人警醒呢？

权欲、官欲、钱欲、色欲等，泛滥成灾的欲望往往是将一个人彻底毁灭的主要原因。但客观一点说，要做到无欲无求，真的是在强人所难。一般而言，一个人很难真正做到刚毅不屈，无私正直，其原因就在于心中还有私欲，而私欲又是人的一种本性。这种矛盾几乎存在于每一个渴望成就一番事业的人身上，因此，对于他们来说，用正直来压制私欲的过程就几乎成了奋斗的大部分内容。

做人，只有用理智控制住心中的私欲，才能做到刚毅正直，办事才能公正有度。这既是一种高洁的品行，也是一种做人做事的智慧。

# 以诚立世，取信于人

子曰："人而无信，不知其可也。大车无，小车无，其何以行之哉？"

——《论语·为政第二》

一个不守信的人，是无法与其谈论做人之道的。我们知道，千百年来正义之人所赞赏的诚信，已成为做人的准则之一。中国人把诚信立为处世之本，崇尚诚信。在"信、智、勇"三个自立于社会的条件中，诚信是摆在第一位的。

"言必信，行必果，诺必诚"，这是中国人与他人、与社会的交往过程中的立身处世之本。中国人靠这样一个道德原则来规范自己，这与西方的契约精神有所区别。而且"诚信"在法律化的前提下随着社会文明的发展而被推进，而在人们相互的交往和所发生的关系中发挥着愈来愈大的作用。

诚信，就是不欺人，重承诺，不要花招，敢于负责。作为一种传统美德，诚信不仅是个人道德修养的底线，也是人际交往和各种社会事务顺利进行的基本保证。曾几何时，世风日下，人心不古，人与人之间不仅没有了信任和依托，而且尔虞我诈。这种风气严重影响了个人和整个经济局势的发展。因此，人们呼唤诚信的呼声日益高涨，不讲诚信的人将会逐渐被淘汰出局。正如孔子所说的那样——"一个人不讲信用，不知道他怎么可以立身处世。这就好比大车没有安横木的，小车没有安横木的，那么它怎么能行走呢？"所以说，唯有以诚信立世，才能在人生路上长远顺利地走下去。

## 案情陈列

李嘉诚先生就是一个很讲诚信的人，他的为人就像他的名字一样，其诚可嘉。

李嘉诚早期是做塑胶厂起家的，在塑胶厂濒临倒闭的那些日子里，李嘉诚回到家里，强作欢颜，担心母亲为他的事寝食不安。知子莫过母，母亲从嘉诚憔悴的脸色、布满血丝的双眼，洞察出工厂遇到了麻烦。母亲不懂经营，但懂得为人处世的常理。母亲是个虔诚的佛教徒，嘉诚走向社会，母亲总是牵肠挂肚，早晚到佛堂敬香跪拜，祈祷儿子平安。她还经常用佛家掌故，来喻示儿子。

一天，母亲平静地对李嘉诚说道：很早很早之前，潮州府城外有一座古寺。云寂和尚已是垂暮之年，他知道自己在世的日子不多了，就把他的两个弟子——一寂、二寂召到方丈室，交两袋谷种给他们，要他们去播种插秧，到谷熟的季节再来见他，看谁收的谷子多，多者就可继承衣钵，做庙里的住持。云寂和尚整日关在方丈室念经，到谷熟时，一寂挑了一担沉沉的谷子来见师父，而二寂却两手空空。云寂问二寂，二寂惭愧道，他没有管好田，种谷没发芽。云寂便把袈裟和衣钵交给二寂，指定他为未来的住持。一寂不服。师父淡淡地道，我给你两人的谷种都是煮过的。

李嘉诚悟出母亲话中的玄机——诚实是为人处世之本，是战胜一切的不二法门。李嘉诚为自己所做的事，流下悔恨的眼泪。翌日，李嘉诚回到厂里，工厂仍笼罩在愁云惨雾之中。李嘉诚召集员工开会，他坦诚地承认自己经营错误，不仅拖垮了工厂，损害了工厂的信誉，还连累了员工。他向这些天被他无端训斥的员工赔礼道歉，并表示，经营一有转机，辞退的员工都可回来上班，如果找到更好的去处，也不勉强。从今以后，保证与员工同舟共济，绝不损及员工的利益，而保全自己。

李嘉诚说了一番渡过难关、谋求发展的话，员工的不安情绪基本稳定，士气不再那么低落。

接着，李嘉诚一一拜访银行、原料商、客户，向他们认错道歉，祈求原谅，并保证在放宽的限期内一定偿还欠款，对该赔偿的罚款一定如数付账。李嘉诚丝毫不隐瞒工厂面临的空前危机——随时都有倒闭的可能，恳切地向对方请教拯救危机的对策。

李嘉诚的诚恳态度，使他得到他们中的大多数人的谅解。他们都是业务伙伴，长江塑胶厂倒闭，对他们同样不利。银行放宽偿还贷款的期限，但在未偿还贷款前，不再发放新贷款。原料商同样放宽付货款的期限，对方提出，长江塑胶厂需要再进原料，必须先付70%的货款。客户涉及好些家，态度不一，但大部分还是做了不同程度的让步。有一家客户，曾把长江塑胶厂的次品批发给零售商，使其信誉受损，经理怒气冲冲来长江塑胶厂交涉，恶语咒骂李嘉诚。李嘉诚亲自上门道歉，该经理很不好意思，承认他的过失莽撞。该经理说李嘉诚是可交往的生意朋友，希望能继续合作，他还为长江塑胶厂摆脱困境出谋划策。

李嘉诚的"负荆拜访"，达到初步目的。他却不敢松一口气，银行、原料商和客户，只给了他十分有限的回旋余地，事态仍很严峻。

积压产品，库满为患。这之中，一部分是质量不合格；另一部分是延误交货期的退货，而产品质量并无问题。李嘉诚抽调员工，对积压产品普查一次，将其归为两类，一类是有机会做正品推销出去的；一类是款式过时，或质量粗劣的。

李嘉诚如初做行街仔那样，马不停蹄赶到市区推销，把正品卖出一部分。他不想为积压产品拖累太久，就全部以极低廉的价格卖给专营旧货次品的批发商，在制品的质检卡片上，一律盖上"次品"的标记。之后李嘉诚陆续收到货款，分头偿还了一部分债务。

路遥知马力！李嘉诚用真诚重新拾回了别人的信任，他获得了新订单，筹到购买原料、添置新机器的资金。被裁减的员工又回来上班，李嘉诚还补发了他们离厂阶段的工薪。李嘉诚又一次拜访银行、原料商和客户，寻求进一步谅解，商议共渡难关的对策。渐渐地工厂出现转机，产销渐入佳境。

1955 年的一天，李嘉诚召集员工聚会。他首先向员工鞠了三躬，感谢大家的支持。然后，用难以抑制的喜悦之情宣布："我们厂已基本还清各家的债款，昨天得到银行的通知，同意为我们提供贷款。这表明长江塑胶厂已走出危机，将进入柳暗花明的佳境！"

此后，李嘉诚的生意越做越大，也不仅仅局限于塑胶行业，并成为世界闻名的巨富。他的成功，与他为人处世的谦逊、节俭、诚信是有着密切关联的。

## 妙语新悟

做人，应以李嘉诚为榜样，做事时目光放远一些，须知，不讲诚信只能得一时之利，而不能得一世之利。当我们需要别人帮助之时，对方首先要看的就是我们的人品。试问，谁又会去帮助一个不讲诚信、没有原则的人呢？

诚是一个人的根本，待人以诚，就是以信义为要。精诚所至，金石为开，诚能化万物，而我们所谓的"诚则灵"正是说明了诚的重要性。相反，心不诚则不灵，行则不通，事则不成。一个心灵丑恶、为人虚伪的人根本无法取得人们对他的信任。所以，荀子说："天地为大矣，不诚则不能化万物；圣人为知矣，不诚则不能化万民；父子为亲矣，不诚则疏；君上为尊矣，不诚则卑。"明人朱舜水说得更直接："修身处世，一诚之外更无余事。故曰：'君子诚之为贵。'自天子至于庶人，未有舍诚而能行事也；今人奈何欺世盗名矜得计哉？"所以，诚是人之所守，事之所本。只有做到内心诚而无欺的人才是能自信、信人并取信于人的人。

我们常说的"君子一言，驷马难追"，讲的就是人的信用。一个没有信用的人，是为人所不齿的。现在的生意场上，公司、企业做广告、做宣传，树立公司、企业在公众中的形象，就是想提高公司、企业的信用度。信用度高了，人们才会相信你，和你来往，成交生意。不过，公司、企业的信用度得靠产品够佳的质量、优良的服务态度来实现，而非几句响亮的广告词、几次优惠大酬宾便可做到。人的信用也是如此。

# 恕人之过，成人之美

子曰："君子成人之美，不成人之恶。小人反是。"

——《论语·颜渊第十二》

在中国几千年的历史文化中，成人之美俨然已经成为有德之人倍加推崇的一项做人准则，故孔子说："君子帮助别人成全好事，不帮助别人成全坏事，小人却正好相反。"在古代的君子们看来，"美事"未必非我不可，成他人之美亦是成我之美，而"成人之恶"则是一种罪大恶极的行为，誓为君子所不容。

君子之所以能够成人之美，是因为他们有着与人为善的宽阔胸怀，把别人的成功当成自己的成功，把别人的快乐当成自己的快乐。不成人之恶，是因为君子爱人以德，不愿看到别人受难遭殃，不愿看到别人落水翻船的不幸。而小人就不这样，总是喜欢成人之恶，不愿成人之美。比如别人落水，他就高兴；别人成功、快乐，他就满肚子的忌妒、怨恨，甚至背后搞小动作，造谣中伤。君子和小人之间的区别，归结到一点，就是心态和思想境界的不同。

所谓君子成人之美，就是真正的有德之人，行事并不拘泥于世俗的条条框框，只要是有好结果的事情，他都会去竭力促成。这样的人，在人格得到升华的同时，亦会获得意想不到的收获。

## 案情陈列

唐朝时期，有一才子名叫谢原，其人擅词赋，犹以歌词见长，所作歌词广泛流传于民间。

有一年，谢原应张穆王之邀，前去做客。席间，张穆王命小妾谈氏隔帘弹唱。事有凑巧，谈氏所唱之曲，正是谢原的一首竹枝词。张穆王见谢原听得如痴如醉，便将谈氏请出与之相见。

　　谢原见谈氏风华绝代，又对自己的词作甚为推崇，遂心生爱慕之情。于是，他起身说道："能闻夫人弹唱拙词，在下不胜荣幸，但夫人所唱之词，实为在下粗浅之作，恐辱没夫人。我当竭心再作几首好词，以备府上之需。"

　　翌日，谢原即奉上新词八首，谈氏将其逐一谱曲弹唱，谢原更感相见恨晚。此后数日，谢原与谈氏词曲往来，情愫渐生。终于有一日，谢原隐忍不住，向谈氏道出了渴慕之情。谈氏虽亦有意，但无奈已为人妾，身不由己。

　　于是，谢原甘冒杀头之罪，请求张穆王成全他二人。

　　正常情况下，若换作别人，必然拍案而起、动雷霆之怒。然而，张穆王却一笑了之："其实我亦有此意！虽然心中尚有几分不舍，但你二人一擅作词，一擅谱曲，珠联璧合，实乃天造地设的一对！"

　　谢原万没有想到张穆王竟如此大度，不禁感恩戴德。为作报答，他将此事写成词，由谈氏谱曲，二人四处传唱。不多时，张穆王成人之美的美名，便在中原大地上传唱开来，很多有识之士闻讯都前来投奔。

## 妙语新悟

　　张穆王的气度与胸怀为他赢得了天下才子的"芳心"，更赢得了千载的美名，显然，他是非常睿智和高明的。我们做人亦应以此为榜样，当然，未必要让妻这么夸张。打个比方，譬如某个下属无意间犯了无足轻重的错误，我们最好不要抓住不放、小题大做、四处宣扬，而应取大节，以诚感人、用"爱语"纠错，这样自会起到"润物细无声"的效应。

　　其实这世上本无完人，所以他人有过，我们没有必要苛责。尤其在用人之时，更要扬人之长，避人之短；对有过失的人，哪些能用，哪些不能用，要因人而异，不可一概而论，更不能求全责备，以短盖长。现实生活中，对人同样如此。也只有这样，才能让许多有才能、有个性的人团结在你的周围，帮助你成就事业。

　　诚然，古君子的思想放在"计划没有变化快"的当代社会，或许会有几分偏颇。但其本质上的要义于我们修身养性、为人处世还是有很大益处的。当有人冒犯我们时，只要不是出自恶意、不是重大原则性的问题，我们就不妨"成其之美"一回，取其大节，宥其小过，以春雨润物之势俘获对方的身心，这显然会令你收获颇丰。

　　当然，需要提醒大家的是，我们成人之美固然可以得到对方的回报，但若是因为自己帮助了别人而加以轻视，甚至想凌驾于他人之上，那么"成人之美"也就失去了最初的意义，弄不好还会令你得不偿失。

# 第二章

chapter 2

## 圣人之心述伦理：
## 君子笃亲，朋友相惜

对待亲情、友情的态度，最能体现一个人的为人品质。如果说，对于生我、养我的父母，尚且没有孝敬之心，对于一奶同胞的兄弟姐妹尚不能互敬互爱，对于患难与共的朋友都不能诚心相交，为一己私利，便可置亲情、友情于不顾，这样的人可以说是毫无人性的。当然，必然会受到他人、社会的孤立、排斥，甚至是惩罚。

# 长幼有序，尊老敬老

乡人饮酒，杖者出，斯出矣。

——《论语·乡党第十》

尊老敬老，这是中华民族的传统美德，而孔子对这一美德的传承和发扬，有不可磨灭的贡献。本来他的身份在众人中是最高的，但他依然重视饮酒的礼数，不敢逾越规矩走在老年人前面。

尊老敬老是一个人修养的重要表现。有尊敬老人之心，才会有赡养老人的行为；而后才会有孝悌之德。而这种教养，对于一个人的为人处世、持家立业，都是有极大影响的。一个对老人没有敬爱之心的人，是不能对他寄予信任和希望的。

考察一个人的品质与教养，也许从他是否能够尊老敬老、把老人放在心上这个角度入手，能够最容易地获得最深刻的结论。

## 案情陈列

张良，字子房，祖上是韩国人。祖父张开地，曾是韩昭侯、宣惠王、襄哀王的相国。父亲张平，为王、悼惠王相国，悼惠王二十三年（公元前250年），张平去世。二十年后，秦灭韩。张良因年少，尚未在韩国任职。他决定用全部家财招求侠客谋刺秦王，替韩国报仇。

张良曾在淮阳学礼，又东行拜访沧海君，求得大力士，专制了一百二十斤的铁锥。当时秦始皇向东巡游，行至博浪沙地方，张良与刺客伏击秦始皇，铁锥误中副车。秦始皇大怒，令大肆搜捕，又急又狠要抓刺客，张良于是更名换姓，逃匿到下邳。

一次，张良闲游到下邳一座桥上。有一老翁，穿粗麻短衣，走到张良身边，故意把鞋子掉到桥下，回头对张良说：“小子，下去把鞋拾来！”张良开始很惊讶，想揍他。因为他是长者就强忍性子，下桥取鞋，就势屈膝替他穿上。

老人伸脚穿上鞋，笑着走了。张良心里很奇怪。老人走了里许路又回来，说：“小子是可教之才。第五天天亮时，来此同我见面。”张良因此很纳闷，行礼答：“好。”

第五天天亮，张良前去，老人已先到等在那儿，生气地说：“与老人约会为何来迟？回去，五天后早些来。”到第五天，张良鸡叫时前往，老人又先到，还是生气地说：“为何又来迟？五天后再早些来。”五天后，张良半夜前去，没多久老人也来了，高兴地说：“应当如此。”于是拿出一部书送给张良说：“读好了此书可做帝王之师，十年后天下大变。十三年后，你会见到我，济北谷城山下的黄石，即是我。”说完就离开不见了。

天明看这部书，原来是《太公兵法》。张良心中感到欣喜异常，常常研读它。其后，秦末农民战争风起云涌，张良选择了跟随刘邦，尽心尽力地辅佐他，终于夺取了天下，建立了汉室江山。张良被封为留侯，为著名的汉初三杰之一。

## 妙语新悟

张良对长者的尊敬，让黄石老人对他产生了信任，觉得孺子可教，于是传授了天书。这是尊老敬老的好处。心怀敬老之心，知孝道，通大理，自有一番超乎常人的意志和见识。这种人，无论是在做人的智慧上，还是处世的策略上，都比一般人要来得实在、顺达。

尊老敬老，不是一种形式，它需要的是真情实感，是要在心灵上给予老人一股永恒的温暖。倘若将敬老爱老用来作秀，那真的让人心冷，让人不齿。

通过观察我们不难发现，现如今的老人，需要的往往不是物质上的馈赠，更多则是精神上的关怀与抚慰。他们为社会、为我们的今天奉献一生，在无法继续实现自身价值的时候，他们所需要的，正是我们这些后辈的理解和尊重。

尊老敬老，这是一切善德的基础，是一切幸福的源泉。尊老敬老绝非一家之事，更不该是一时之风。我们应将尊老敬老作为构建社会风尚的重要内容，由心而发，从点滴处做起，给予可敬的老人最真挚的关爱。

# 孝敬孝敬，既孝且敬

子游问孝。子曰："今之孝者，是谓能养。至于犬马，皆能有养；不敬，何以别乎？"

——《论语·为政第二》

"天地之性，人为贵；人之行，莫大于孝……"孝，原本就是没有什么表层道理可讲，因为这是出于人的至诚生性，是一种至情至性、无怨无悔的感情。"孝"字是"子"承"老"下，这说明它包含了相当深厚的感情。

对于孝，孔子有着更深的见解，他认为当时社会提出的"孝，是谓能养"根本是不正确的，因为狗、马等牲畜也能得到饲养，倘若孝敬父母没有诚心，那与饲养牲畜又有什么分别呢？

孔子在这里强调了"孝"必须是对父母发自内心的"敬"，是一种自觉的伦理意识和道德情感，而不仅仅止于"供养"上。否则就不是真正的"孝"。

## 案情陈列

西晋时的李密为祖母尽孝而辞官不就的故事，是令人备受感动的。

李密，又名李虔，蜀国武阳（今四川彭山区）人。幼年家中屡遭灾难，他生下来只有6个月的时候，父亲死去。家中既无伯父叔叔，又没有兄姐照应，只有祖母和母亲两代孤妇带他度日，生活异常艰辛。李密4岁的时候，舅父何氏见李家贫困不堪，不忍心让妹妹受此煎熬，逼迫他母亲改嫁他人。这样，家中只有祖母刘氏带着李密艰难地生活。

李密的祖母自幼身患疾病，经常卧病在床。但为了把可怜的孙子抚养成人，她每日拖着久病的身躯，上山砍柴，下田耕耘，只盼孙子快点长大成人。

李密自母亲改嫁后，整日啼哭不止，虽有祖母呵护，却也是体弱多病，到9岁还不会走路。但是，他非常聪明，成人后，读书过目不忘，对祖母非常孝顺，每天是白日劳动，晚上读书。祖母年高多病，他周到备至地服侍祖母，晚上穿衣睡在祖母身边。给祖母吃药、喂饭、饮水，他都自己先尝凉热，然后才喂祖母。他的孝心，远近闻名。

西晋泰始元年（公元265年）晋武帝司马炎闻听李密才学优等，又以孝名著称于世，征召他为太子洗马，并命地方官催他到任。这年，李密已经44岁了，他的祖母也高寿96岁。李密因为祖母年高多病，无人奉养，上《陈情表》于晋武帝，陈述自己的困难，辞官不就。

他在表中说："臣无祖母，无以至今日；祖母无臣，无以终余年。祖孙二人更相为命，是以区区不敢废远……臣尽节于陛下之日长，而报刘（其祖母）之日短也。乌鸟私情，愿乞终养。"

晋武帝被他的孝心所感动，答应了他的请求。

## 妙语新悟

孝能感动天地，因为它是人世间最为真挚的一种情感。孝顺不只是赡养那么简单，它需要子女把全部的情感投入行动中。

　　然而今天，许多自以为"孝"的人，实际上却把孝行完全形式化、浅薄化了，每月寄上点钱，就算完成"任务"了。更有甚者，不仅不把父母放在心上，而且把他们看做一种负担，却对自己的宠物呵护备至，常常挂在心上，这种行为，实际上早已背离孝道，几乎与狗、马无异了。

　　一首歌中唱道："常回家看看，回家看看，哪怕帮妈妈刷刷筷子洗洗碗，老人不图儿女为家作多大贡献，一辈子不容易就图个团团圆圆。"它，表达出了多少父母的心声！

　　孝的本义是指由父母对子女的爱而反射出子女对父母的敬爱。"孝"应建立在"敬心"之上，孝顺父母要真心实意，如果只有物质奉养而无精神慰藉，则与牲畜无异。子女应该关心体贴父母，一般地说，父母进入中年老龄以后，体力和精力都不及从前了。所以，做子女的要多关心体贴父母，尽可能为父母分担家务劳动，自己料理好个人生活，不让父母操心，减轻父母的负担。同时，当子女的，还应该经常关心父母的身体健康，嘘寒问暖。当父母生病时，更需要细心照料。父母遇到不称心的事，要体贴父母，热心地为他们分忧解愁。父母年老体弱、丧失劳动能力以后，理应得到子女更多的照顾。要在物质上给予充分的帮助，更要在精神上关心、体贴老人。

　　今天，世界变成了"地球村"，交通、通信设备日新月异，几千里外，也是朝发夕至。何况今天想有大的发展，必须放眼世界。但是不管走多远，也应该时时与父母保持联系，以免老人挂念。当然，这一切的前提是长辈亲人们健康没有大碍，生活亦能自理。否则，在情理上就有些说不过去了。

# 立世以后，莫让亲忧

孟武伯问孝。子曰："父母唯其疾之忧。"

——《论语·为政第二》

毋庸置疑，每一个人都在不同程度上爱着自己的父母，都希望自己的父母能够一生安康。所以，每每有外人触犯父母利益之时，儿女都会主动为父母"讨个公道"。然而，并不是这样就可以称之为真正的孝顺，因为任何一个人都不会在父母受到欺负时视若无睹。

仔细想想，很多时候恰恰是做儿女的给父母造成了更多的伤害，让父母为自己忧愁，给父母增添负担，而自己却一无所知。其实，在生活中，外人侵犯父母利益的状况毕竟只是少数，真正令父母愁肠百结的往往正是儿女。要知道，外人所带来的伤害，毕竟只是一时的，无须多久自会烟消云散，儿女给予父母的伤害却是经常性的，会让父母痛苦在心口难开。

所以孔子说："做子女的，只需要父母在自己有病的时候担忧，但是在其他方面就不必让他们担忧操心了，这才是孝。"即劳苦莫教爹娘受，忧愁莫教爹娘耽。

## 案情陈列

很久以前，有一棵非常大的苹果树。而有一个小男孩每天都喜欢在苹果树下玩耍。他有的时候爬树，吃苹果，有的时候在树荫下小睡……这个孩子是那么地爱这棵树，而树也爱和他玩。时间过得很快，小男孩慢慢长大了，他不再每天来树下玩耍了。

有一天，男孩再一次来到树下，注视着树。树说："来和我玩吧。"男孩回答道："我不再是小孩子了，我再也不会在树下玩了。""我想要玩具，我需要钱去买玩具。"树失落地说："对不起，我没有钱……但是，你可以把我的苹果摘下来，拿去卖掉，这样你不就有钱了吗？"男孩兴奋地把所有的苹果都摘下来，高兴地离开了。男孩摘了苹果之后很久都没有回来，树非常伤心。

终于有一天，男孩回来了，树非常激动。树兴奋地说："来和我玩吧！""我没有时间玩，我要工作，这样才能养家糊口。我们需要一幢房子，你能帮助我吗？""对不起，我没有房子，但是你可以把我的树枝砍下来去盖你的房子。"男孩听后非常高兴，他把所有的树枝都砍下来，高兴地离开了。

看到男孩这么高兴，这棵苹果树非常欣慰。可是，从此之后，男孩又很久都没回来，苹果树再一次孤独、伤心起来。

在一个炎热的夏日，男孩终于回来了，树很高兴。树再一次说道："来和我玩吧！""我过得一点都不快乐，我现在正在一天天变老，我好想去旅行放松一下。你能给我一条船吗？""用我的树干造你的船吧，这样你就能够快乐地航行到遥远的地方。"之后，男孩又把苹果树的树干砍下来，做成了一条船。他去航海了，很长时间都没有露面。

过了很多年之后，男孩终于回来了。"对不起，孩子，我再也没有什么东西可以给你了。"树说。"我已经没有牙咬苹果了。"男孩回答道。

"我也没有树干让你爬了。"树说。"我真的不能再给你任何东西了，除了我正在死去的树根。"树含着泪说。

"我现在已经不再需要什么了，我只希望找个地方好好休息。过了这么些年，我累了。"男孩回答道。"太好了，老树根正是休息时最好的倚靠，来吧，孩子，来坐在我身边，休息一下吧。"男孩这一次坐下了，树很高兴，含着泪微笑着……

## 妙语新悟

毫无疑问，这树就是父母的象征，他们将一生的心血付与儿女，不求回报，所期盼的，不过是儿女能在身边多陪伴一会儿，只要儿女幸福，他们可以心甘情愿地倾尽所有。身为儿女，我们不该是一盏不省油的灯，常令父母操心受累！而应少犯错，踏踏实实做事，老老实实做人，少给社会添乱，少让父母操心，真正成为父母贴身的小棉袄，这才是真正的孝顺。

作为父母，当他们决定养育一个孩子的时候，就已经下定了做出重大牺牲的决心，无论孩子出现什么先天疾病，还是后天缺陷，父母都可以包容，因为孩子是他们的责任，更是他们的血脉。但是当孩子长大成人之后，特别是已经到了应该自谋出路的年龄，是不是还应该待在家里，继续由父母养活呢？

找工作，独立生活，计划开支，甚至交朋友，买房子成家，这些都应该是成年子女完全能够自理的事情。如果一天到晚还让父母为这些事情操心，还需要替你张罗，替你出钱、出力，这样就太过分了。

为人子女，其实有的时候应该心里明白，哪些事可以让父母为你操操心，哪些事应该独立解决，这也是一种孝。

# 父母之年，不可不知

子曰："父母之年，不可不知也。一则以喜，一则以惧。"

——《论语·里仁第四》

孔子说："父母的年纪、生日，不可不时时记在心上。一方面因为父母的寿高而高兴，一方面又因他们寿高而有所忧惧。"

其实，我们的很多遗憾与悔恨往往就源于自己对自身已有生活的冷漠。相反，我们对自己未曾得到的东西总是充满了渴望与关注，并且孜孜以求。"得到的太容易，所以不知道珍惜。得不到的东西，才是最好的。"这就是我们一种很矛盾的劣根性。它让我们在不断追求外在事物的同时，又不断失去了自身所拥有的更加宝贵的财富。试想一下，在这个世界上，难道还有比父母之爱更加无私和伟大的情感吗？

有句话叫"子欲养而亲不待"，不知道它道出了多少人的心声，人一旦离去，就不可能再回来，你恨不得用来生补偿。所以请在父母有生之年献上你最真挚的孝心，不要到失去之时再追悔莫及，不要让自己对着这句话痛哭流涕……

## 案情陈列

有一次，孔子到齐国去，在途中听到有人哭的声音，而且那声音非常悲哀。于是，孔子对他的家仆说："这哭声悲哀是悲哀，但却不是丧亲的人的悲哀。"结果他们继续驱车上前，刚走了一段路，就看到一个和平常人不一样的人，只见那人抱着镰刀，戴着生绢（表示守孝），哭的样子却不甚悲哀。

孔子下车之后，追上去向他问道："您是什么人？"回答说："我是丘吾子。"孔子问："您现在不是在办丧事的地方，为什么还哭得这么悲伤呢？"丘吾子说："我失去了三样东西，自己发现的时候已经太晚了，现在后悔哪里还来得及啊。"

孔子说："您失去的三样东西，可以告诉我吗？希望您能告诉我，不要隐瞒。"

丘吾子说："我年轻的时候很爱学习，周游天下，后来，失去了我的双亲，这是我的第一失；之后，我又长期辅佐齐君，但是他骄傲奢侈，失去了很多人才，我作为臣子的气节没有实现，这是我的第二失；我平时很少有至交好友，有一些朋友现在都分离，甚至是断绝了联络，这是我的第三失。树想要停下来，但是风却不停；儿子想服侍父母的时候，可是父母却已经去世了。不再回来的是时间，不能够再见的是双亲，请让我现在和您告别，就去投水而死吧。"于是丘吾子便投水自尽了。

孔子后来说："大家一定要记住此事，这足以作为戒律。"从那以后，孔子的弟子中辞学回家服侍父母的人越来越多。

## 妙语新悟

在《论语》里面，有很多关于亲情的具体而入微的论述，这正是因为孔子自己本身就是一个非常重亲情、讲孝道的人。

我们每个人对于自己的生日都能够熟记，而且，除了自己的以外，在日常的生活当中，肯定还记着朋友、同学、老师、上司等其他人的生日，以便能够随时提醒自己去及时地为他们送去祝福。可见，过生日已经成了一个人生活中不可或缺的内容。

但是让我们感到遗憾的是，我们当中有许多人却不大能说得清或记下自己父母的年龄与生日。有人曾经说："人是一种习惯于忘恩负义的动物。"这句话听起来虽然有一些刻薄，但是也算得上是有感而发了。

可能父母每年都会给你过生日，但是有的人却连自己父母的生日都不知道。你知道父母的生日吗？现在认识到自己以前的不足之处，幡然醒悟，还是来得及的。我们应该记住，对谁不好，也不能对自己的父母不好；谁跟你再亲，也不如父母跟你亲。特别是当父母的年纪越来越大了，不抓紧时间尽孝，最后留给你的，除了悔恨和自责，那还能有什么呢？

# 父母面前，和颜悦色

子夏问孝。子曰："色难。有事，弟子服其劳；有酒食，先生馔，曾是以为孝乎？"

——《论语·为政第二》

子夏请教孝道，孔子说："孝道难就难在儿女在父母面前总是能够保持和颜悦色。遇到事情，由年轻人效劳；有了好吃好喝的，则应该让年长的人享用，（仅仅做到这样）就可以认为尽孝道了吗？"

和颜悦色地对待父母是非常重要的，但是真正做到却很不容易。尤其是当父母偏爱姊弟或是不甚看重自己时，若要始终保持恭敬的态度，和颜悦色、恪守孝道，则更考验一个人的气度与品性。

## 案情陈列

王祥是汉末琅琊临沂（今属山东省）人，因遭乱世，扶母携弟在庐江隐居30余年。母卒后，才应召入仕。魏时，曾封关内侯、万岁亭侯、睢陵侯，拜司空、太尉、侍中等职。入晋，拜太保，晋爵为公。享年85岁。

原来王祥的生母在他年幼的时候即已去世。他的继母朱氏很不喜欢他，只偏爱自己的儿子，经常在他父亲面前说他的坏话，使他不仅失去了母爱，还失去了父爱。但他生性至孝，虽然成天被父母驱使，干各种杂活，却从不叫苦叫累，态度十分恭谨。父母如果有病，他就整天不解衣睡觉，在左右伺候，汤药熬好了，还必定亲自先尝一尝。

尽管如此，他的继母仍然欺负他，待他很凶狠。然而，王祥却始终把她当做自己的亲生母亲来孝顺。继母朱氏常常要吃活鱼，王祥总是想办法满足她的要求。有一次，天寒地冻，朱氏又要吃活鱼。但三九时节，哪儿也找不到活鱼。王祥却不死心，来到结了厚冰的河面上，不顾寒风嗖嗖，脱下衣服，躺在透心凉的冰上，准备凿开冰块捕鱼。忽然冰块自己裂开，从水里面跃出两条活蹦乱跳的鲤鱼。王祥赶忙抓住，高高兴兴地带回家去，做好给他继母吃。乡里人都说：从来也没人能在大冬天结了这么厚的冰河里凿冰捕鱼，王祥这个小孩子却做到了，这是他的孝心感动了天地啊！从此就留下了"卧冰求鱼"的美谈。

王祥平时侍奉继母非常恭敬小心。他们家的庭院中有一株李树，结的果实特别甜美。朱氏常常命令他去守护。有时风雨大作，电闪雷鸣，王祥虽然害怕，但他不离开，抱着李树哭泣。

王祥的弟弟王览，是朱氏所生。他只有几岁的时候，便很懂事。看见母亲鞭打王祥，就抱着哥哥哭，不让朱氏打。稍长大些，就规劝他的母亲对哥哥好些，朱氏才有点收敛。朱氏常常毫无道理地支使王祥干这干那，在这种情况下，王览就跟着王祥一起干。兄弟俩娶亲后，朱氏又常常虐待王祥的妻子，让她干这干那；王览的妻子也和嫂子一起干。朱氏见王览夫妇总和王祥夫妇同甘共苦，一起干活，无计可施，以后也就不再乱支使王祥夫妇了。

王祥在父亲去世后，他在社会上的声誉越来越大。朱氏不但不高兴，反而嫉恨在心。一次，她秘密在酒中下了毒，想把王祥毒死。王览发现了，就径直去取酒。此时，王祥也疑心酒中有毒，争着把酒夺过来，不给王览。朱氏见兄弟俩争酒，怕事情败露，急忙把酒抢过去，不给他们。从此以后，凡是朱氏赐给王祥的食品，王览总是要先尝尝，以防出事。朱氏害怕下毒毒死自己的亲儿子，就止住了在食品中下毒的做法。

但是朱氏并没有放弃杀害王祥的念头。一天王祥因有事独睡在一张床上。朱氏以为机会来了，半夜里悄悄地拿把刀摸进屋，对着被子狠命连着砍了好几下。这时正好王祥出外小便，因此只砍破了被褥，并没有伤着王祥。王祥回来一看，被褥被砍破了，知道是继母恨自己恨得要命，就跑到继母房里跪下，请求继母把他处死。继母起先吓了一跳，后来听了王祥的一番话又羞又愧，深深感动，醒悟过来，真正感受到王祥对自己的一片孝心，甚至愿意为自己的错念去死。于是她把王祥扶了起来，流下了惭愧而又感激的眼泪。此后，她爱王祥就像爱自己的亲生儿子一样。一家人日子过得很和睦。王祥尽心赡养继母朱氏，直到给她送了终，才答应别人的邀请出去做官。

## 妙语新悟

虽然看起来，王祥的至孝行为不是一般人所能理解的，甚至不是一般人所能做到的。但我们所看到并应当予以效法的，是他以孝为本的做人准则。他的这种精神能够感化原本歹毒的继母，把它放到当今社会，肯定也会产生积极的作用。

俗话说："久病床前无孝子。"父母病了，一天两天还好说，一月两月忍忍也过去了，可是如果是一年两年呢？想想就觉得困难重重了。假如父母长时间卧病在床，生活不能自理，即便儿女心中再孝顺，有的时候也难免流露出厌烦的神色。这个时候父母心中的滋味恐怕就更加难以陈述了，一方面会觉得因为给儿女的生活和事业带来极大的拖累而心中难过，但是另一方面也会对儿女感到隐隐地失望。

对于每一个人来说，生活幸福与否往往最终取决于他的精神感受，而不是取决于他的物质感受。物质享受带给我们人类的感官刺激就好像是黄粱一梦，总是让人不由自主地陷入患得患失的两难困境。而在我们的身边，只要我们善于观察，我们又总可以见到，一些人无论物质贫穷还是富足，整天却都是在乐呵呵地享受生活。

由此可见，精神问题才是关乎一个人一生幸福的大问题。只有那些精神富足的人才会始终保持快乐的心情。俗话说得好，"好言一句三冬暖"，和颜悦色地对待人和自然，就能够让每个人心情舒畅、精神愉悦，而这远远要比那些物质刺激有效持久得多，特别是对父母尽孝更应该如此。

# 父母有错，劳而无怨

子曰："事父母几谏，见志不从，又敬不违，劳而不怨。"

——《论语·里仁第四》

　　曾经有人说："天下有不是的子女，无不是的父母。"其实这句话并不一定对。俗话说："金无足赤，人无完人。"即使是圣贤也会犯错，更何况普通人。父母当然也会有错，那么，当父母犯错时，我们又该怎么办呢？

　　早在数千年前，孔圣人已经给出了我们答案——"侍奉父母的时候，如果发现父母的言行有什么不妥之处，一定要委婉地进行劝说。如果父母不肯听从的话，那么也应该保持恭敬之心，不要违背父母的意愿来按照自己的意思行事。尽力做自己应做的事情，不要对父母有所怨言。"

## 案情陈列

　　很早以前有个妙庄严王，他生有三个美丽的女儿。长女妙颜与次女妙香早早便出嫁了，唯有三女儿妙英不愿意嫁为人妇。

　　妙英自幼聪明异常、善良宽厚，她5岁便能念诵经文，一心想着皈依佛门。妙庄严王为她定下了一门婚事，谁知她丝毫不领情，并声称要遁入空门。妙庄严王恼羞成怒，一气之下，狠心割断父女之情，命令她拔剑自刎。

　　妙英生性倔强，听闻此言便拔剑在手，引颈自戮。但是，剑并没有砍断她的脖颈，反而断成千节。妙庄严王见刀剑不能伤害妙英，又下令闷死她，让她的灵魂堕入地狱。

　　但执掌地狱大权的阎罗王对妙英公主特别开恩，帮助她在普陀山附近的一朵莲花上重新复活。妙英公主复活以后，便在普陀山下生活了9年，在那里为人治病，造福百姓。

后来，妙庄严王生了重病，全身癞痢生疮，御医开出一服药方，并特别嘱咐道："这服药需要以亲生骨肉的肉血为引。"妙庄严王并没有皇子，两位公主妙颜与妙香又都不愿意为父亲作出牺牲。

妙英公主闻之父王病重的消息以后，马不停蹄地赶回王宫，割下自己手臂上的肉来为父亲治病。妙庄严王病愈后不久，又突发眼疾。妙英公主二话不说，又挖出自己的眼睛，替父亲治愈了眼病。

然而，妙庄严王却不知道妙英公主为自己割肉、挖眼之事，他一见到她就气不打一处来，旋即下令将妙英公主关入房中用火烧死。在熊熊烈火之中，屋顶被烧穿，妙英公主冉冉升天，成为观世音菩萨。释迦牟尼佛祖得知此事以后，慷慨地许诺"舍一偿千"，赋予观音菩萨千手千眼。

## 妙语新悟

父母有时也未必全对，但是无论如何，他们所做的一切，出发点还是为了你好，是在为你考虑，要知道，虎毒不食子，父母绝对不会有害你之心的。

在生活当中，我们经常会和父母的意见不一致。这些都是很正常的，每个人对同一个问题的理解都不一样，都会出现差异，而且我们每个人的思维方式不同，即使是子女和父母，为此很可能会产生矛盾，继而代沟也就产生了。

其实，现在很多家庭中的所谓争吵以及由此而带来的家庭成员之间的冷漠，都是由于缺乏相互之间的理解和谦让、过于自我所造成的，而这样下去的最终结果必然是出现相互伤害。所以孝顺父母一定要走进父母的内心世界，学会理解他们的想法。

"孝"是中华民族的传统美德，更是其他美德的基础，所谓"百善孝为先"，"乌鸦反哺，羔羊跪乳，不孝父母，禽兽不如"。在赡养父母这个问题上，我们应该多想想当初父母是如何含辛茹苦把自己拉扯成人的，更应该想想自己希望以后自己的孩子怎么对待自己，这样，你就知道自己应该怎么做了！

第三章 /chapter 3

# 千秋智慧言生活：
# 不可怨天，亦莫尤人

人生一世，苦辣酸甜不容易。然而，即便有再多的困惑与苦恼，都不应该消极地对待生活。须知，人的生活是随着心态而变的。你怨天尤人，消极对抗生活，不作为，那么生活必然不会善待与你；你若心中充满阳光，将生活当成女朋友，允许她偶尔发点小脾气，用心地去经营她，那么她也一定会让你感受到幸福。

# 不可怨天，亦莫尤人

子曰："不怨天，不尤人，下学而上达。知我者其天乎！"

——《论语·宪问第十四》

当我们遇到挫折与失败的时候，不要将自己的失落和苦闷归结于上天，更不要将自己的过错和失误归咎于他人，因为这是一种避世的胆怯，是一种利己的私心。就好像射箭一样，当射不中靶子的时候，一定要从自身寻找原因，要深刻检讨自己技艺的不精。

其实在儒家看来，"上不怨天，下不尤人"代表的不仅是一种积极的人生态度，更是一种个人修养的道德境界。

常言道，"天有不测风云，人有旦夕祸福"，如果事情控制不了，那就选择去喜欢！不要固执地扛住不放，有时，"顺应天命"也是一种不错的选择。别为你无法控制的事情而烦恼，你要做的是决定自己对于既成事实的态度。一个人只有放弃无休止的抱怨，才能始终保持乐观健康的良好心态，从而积极向上，有所作为。

案情陈列

　　许多年前，一个妙龄少女来到东京酒店当服务员。这是她的第一份工作，因此她很激动，暗下决心：一定要好好干。她想不到，上司安排她洗厕所。洗厕所！说实话没人爱干，何况她从未干过这种粗重又脏累的活，细皮嫩肉、喜爱洁净的她干得了吗？她陷入了困惑、苦恼之中，也哭过鼻子。

　　这时，她面临着人生的一大抉择：是继续干下去，还是另谋职业？继续干下去——太难了！另谋职业——知难而退？她不甘心就这样败下阵来，因为她曾下过决心：人生第一步一定要走好，马虎不得！这时，同单位一位前辈及时出现在她面前，帮她摆脱了困惑、苦恼，帮她迈好了这人生的第一步，更重要的是帮她认清了人生之路应该如何走。他并没有用空洞的理论去说教，只是亲自做给她看了一遍。

　　首先，他一遍遍地抹洗着马桶，直到抹洗得光洁如新；然后，他从马桶里盛了一杯水，一饮而尽，竟然毫不勉强。实际行动胜过万语千言，他用一言一行告诉了少女一个极为朴素、极为简单的真理：光洁如新，要点在于"新"，新则不脏，因为不会有人认为新马桶脏，也因为马桶中的水是不脏的，所以是可以喝的；反过来讲，只有马桶中的水达到可以喝的洁净程度，才算是把马桶洗得"光洁如新"了，而这一点已被证明可以办得到。

　　同时，他送给她一个含蓄的、富有深意的微笑，送给她关注的、鼓励的目光。这已经够用了，因为她早已激动得几乎不能自持，从身体到灵魂都在震颤。她目瞪口呆，热泪盈眶，恍然大悟，如梦初醒！她痛下决心："就算一生洗厕所，也要做一名洗厕所最出色的人！"

从此，她成为一个全新的、振奋的人，她的工作质量也达到了那位前辈的高水平。当然，她也多次喝过马桶水，为了检验自己的自信心，为了证实自己的工作质量，也为了强化自己的敬业心。

## 妙语新悟

生活中发生的很多事情也许已将我们磨得失去了耐性，可是没有办法改变，又能怎么办呢？最好的办法，就是把生活当成自己的爱人吧，在经受挫折时，就当是她在发脾气，不要与她计较，哄哄她也是一种生活的调情。

生活就是这样，当你没办法改变世界时，唯一的方法就是改变自己。

在生活和工作中，我们会遇到许多的不如意。比如，你是一个刚毕业的学生，很喜欢编辑的工作，可是放在你面前的就只有文员的角色；你正处于事业的爬坡期，你以为升职的名单里会有你，可是另一个你认为不如你的人却代替你升了职……既然改变不了事实，那么我们何不顺应环境，理清思绪，让自己重新开始呢？

# 享受人生，不为物累

子曰："贤哉，回也！一箪食，一瓢饮，在陋巷，人不堪其忧，回也不改其乐，贤哉，回也！"

——《论语·雍也第六》

在孔子看来，有理想、有志向的君子，不会总是为了自己的吃穿住而奔波的，"饭疏食饮水，曲肱而枕之"，对于有理想的人来讲，可以说是乐在其中。

与此同时，孔子还提出，不符合于道的富贵荣华，他是坚决不予接受的，对待这些东西，就好像是天上的浮云一般。这种思想深深影响了中国古代的知识分子，也是当今我们的做人信条。

一个人的思想，一旦升华到追求崇高理想上去，就能够放宽心境，不为物累，心地无私、无欲，随时随地去享受人生，也就苦亦乐、穷亦乐、困亦乐、危亦乐了！这是没有身临其境的人所难以理解的。真正有修养、高品位的人，他们活得快乐，但所乐也并非那种贫苦生活，而是一种不受物役的"知天"、"乐天"的精神境界。

古人云，求名之心过盛必作伪，利欲之心过剩则偏执。面对名利之风渐盛的社会，面对物质压迫精神的现状，能够做到视名利如粪土，视物质为赘物，在简单、朴素中体验心灵的丰盈、充实，才能始终置身于一种平和、淡定的境界之中。

## 案情陈列

一个欧洲观光团来到非洲一个叫亚米亚尼的原始部落。部落里有位老者，穿着白袍，盘着腿安静地在一棵菩提树下做草编。草编非常精致，它吸引了一位法国商人。他想，要是将这些草编运到法国，巴黎的妇人戴着这种草编的小圆帽，挎着这种草编的花篮，将是多么时尚、多么风情啊！想到这里，商人激动地问："这些草编多少钱一件？"

"10 比索。"老者微笑着回答道。

天哪！这会让我发大财的。商人欣喜若狂。

"假如我买 10 万顶草帽和 10 万个草篮，那你打算每一件优惠多少钱？"

"那样的话，就得要 20 比索一件。"

"什么？"商人简直不敢相信自己的耳朵！他几乎大喊着问，"为什么？"

"为什么？"老者也生气了，"做 10 万件一模一样的草帽和 10 万个一模一样的草篮，它会让我乏味死的！"

## 妙语新悟

在追逐欲望的过程中，许多现代人忘了生命中除却物质之外的很多东西。或许，那位"荒诞"的亚米亚尼老者才真正参悟了人生的真谛。

人应当能够承受物质生活对人的身心所产生的影响。现实中的"俗人"往往因穷困而潦倒，但聪明的智者，却能随遇而安或穷益志坚，不受任何影响地充分享受人生，并且能做出一番不平凡的事业来。

金钱和物质其实都是外在的东西，只有创造和精神才是内在的本质。人人都渴望过上富足的生活，当我们还不富裕的时候，我们应该怎样生活呢？怨天尤人当然不可以，安之若素又太消极了，唯有直面现实寻求改变才是正确的选择。

很多人至今也没有弄明白金钱与幸福的关系，其实，一切在于自我的心态。

我们不要当金钱的奴隶，而要做精神的富翁。当我们在解决了温饱之后，当我们有了银行存款之后，如果眼睛始终紧盯着钱，这样的生活其实已经失去了乐趣。

有句话说："穷到极点，不是衣不蔽体，而是没有表情。"所以，当精神沉沦于物质中，你便沦为了金钱的奴隶；当物质氤氲于精神中，你才是自己的主人。

# 人无远虑，必有近忧

子曰："人无远虑，必有近忧。"

——《论语·卫灵公第十五》

一个人思考问题，处理事情，不但要顾及眼前，并且还要考虑到长远。只有这样，才能安排协调好方方面面的关系，不致出现各种意想不到的困扰。否则冒冒失失，顾头不顾尾，说不定忧患就会一夜之间来到你的面前。做任何一件事情，没有一个长远和近期的通盘性考虑是不行的。

在现实生活中，努力培养自己的忧患意识，提高自己对事物发展的把握能力，是很有必要的。因为生活每天都在进行，我们身处的环境也在发生着日新月异的变化，我们也应该积极地面对这种变化，开拓思路，避开隐藏于暗中的危机，以获得更大成功。

## 案情陈列

虫子特别喜欢吃苹果，有一天，有三只关系非常要好的虫子一起去森林里面找苹果吃。

第一只虫子经过自己的努力，跋山涉水终于来到了一棵苹果树下。其实它根本不知道这就是一棵苹果树，更不可能知道在这棵苹果树上面结满了很多鲜红的苹果。只是当其他的虫子都开始往树上爬的时候，自己也就随着大流开始往上爬，它根本没有一个目标，不知道要到哪里去，也不知道它想要得到什么样的苹果，没有目的，没有终点。

这种虫子的结局会怎么样呢？也许它运气好能找到一个大苹果，自己美餐一顿，幸福地生活下去；也有可能自己费了很大的力气爬到树上，发现没有一个自己喜欢的苹果，自己只能是后悔莫及。其实，大多数的虫子都是这样活着的，没有目标，没有理想，生活过得很没有意义。

第二只虫子也来到了一棵苹果树下，它很聪明，知道这就是一棵苹果树，也能够确定它想要的目标就是找到一个大苹果。可是这只虫子它并不知道这个大苹果长在什么地方。大苹果是长在树叶上面吧？它这么认为，于是它开始慢慢地往上爬，遇到分枝的时候，就选择一根比较粗的树枝继续往上爬。这只虫子就按照这个目标不断地努力前进，最后它终于找到了一个大苹果。虫子很高兴，大吃了一顿。但是它这时抬起头环顾四周，发现这个苹果其实是这棵苹果树上面最小的一个，而且更让它郁闷的是，在离它不远的另一个树枝上面就有一个很大的苹果。

第三只虫子也来到了一棵苹果树下，这只虫子有着明确的目标，知道自己想要的是一个大苹果，而且它还找到了一副望远镜，在树下面就能准确地找到大苹果的位置。于是它开始往上爬，按照之前所观察的路线慢慢地往上爬，它一点也不担心，因为它做好了充分的准备，知道自己该往哪里爬，最后它的努力终于没有白费，得到了一棵苹果树上面最大的苹果。

## 妙语新悟

从这三只虫子寻找苹果的经历我们会发现，第一只虫子从开始就没有目标地、毫无目的地前行，这是一只稀里糊涂的虫子，不知道自己需要什么。很多人都会为这只虫子而感到惋惜，甚至鄙弃这只虫子。可是令人遗憾的是，在现实社会生活中有很多人都和这只虫子一样，盲目地生活、盲目地工作。

第二只虫子虽然知道自己想要一个什么样的苹果，但是它却不知道怎么样才能得到这个苹果，于是到了最后它才有表面看起来自己离成功已经很近，但却还是遥不可及的尴尬。

第三只虫子有着很明确的目标，也能够做出正确的选择，通过自己的观察，找到了一条正确实现目标的道路，不仅没有浪费时间，也节省了自己的精力。

"人无远虑，必有近忧"，孔子的这句话中充满了智慧。它告诫我们应未雨绸缪，而不要只看到眼前的事物，却模糊了本应树立的远景目标。

其实，这句话反过来讲也是可行的，这是因为如果我们自己连眼前的事物都没有办法处理好，日子就会过得越来越糊涂，那么自己的生活终将是一团乱麻。

在现实生活中满足而没有忧虑的人，并不一定快乐，因为他们总会想到那遥不可及且不可预期的未来。所以，我们要把现在和未来相互联系在一起，我们的奋斗目标必须是专注且连续的，这样才能走出人生的好旅程。

在现代社会中，有什么样的目标就会有什么样的人生。人这一生的时间是有限的，所以越早制定自己的目标，就能越早地去实现它，也会有更多的时间和精力。成功的人士之所以能够这么优秀，其实主要原因就是确定了自己的目标，并且把大部分的时间、精力都用在了实现自己人生目标上面。

因此，一个人成功的前提就是要先明确一个自己的目标，只要有了目标，我们就有努力和奋斗的方向，就能有动力、有信念、有希望。

# 奢则不孙，宁俭勿奢

子曰："奢则不孙，俭则固。与其不孙也，宁固。"

——《论语·述而第七》

宋儒汪信民曾说："得常咬菜根，即做百事成。"节制而俭朴的生活能磨炼意志，锻炼吃苦耐劳、坚韧顽强的精神，使人们在通往理想的道路上披荆斩棘，奋勇直前。如果在个人生活上迷恋于吃喝玩乐，既消磨人的意志，又会分散工作精力，这样的人必将难成大器，甚至会在生活中迷失方向。

春秋时期鲁国大夫御孙说："俭，德之共也。"俭朴的生活，可以使人精神愉快，可以培养人的高尚品质。生活俭朴的人具有顽强的意志，能经受得住艰苦的磨炼，胸怀开阔。无心于考虑物质生活，更不会受钱财的诱惑。物质生活条件的好坏，对他们来说，没有丝毫的影响。因此，这种人住在竹篱盖的茅屋，也有清新的生活情趣。

## 案情陈列

羊祜，字叔子，泰山南城人（今山东费县西南）。他出身于名门世家，外公便是大名鼎鼎的东汉蔡邕，其胞姐则是晋景帝司马师的献皇后。他德才兼备，魏末历任中书侍郎、秘书监等职，掌管军事机要。晋武帝时，升任尚书左仆射，卫将军。他不管是为政还是治军，始终重行仁德，谦逊礼让，因此而深受人们敬重，甚至连敌军也对其由衷敬佩。

羊祜年轻之时便已声名远播，曾被荐举为上计吏，州官4次邀请他做从事、秀才，五府也召他出来做官，但均被他一一谢绝了。因此，有人将他比作孔子最得意的门生——谦恭好学的颜回。正始年间，大将军曹爽专权，曾欲起用羊祜和王沈。王沈得信后，满心欢喜地劝羊祜与他一起去应命就职，羊祜对此颇为不然，淡淡答道："委身侍奉人，谈何容易！"后来，司马懿发动高平陵政变，曹爽失权被诛，王沈受到牵连而被免职。王沈后悔没有听羊祜的话，对他说道："我应该常常记住你以前说的话。"羊祜听后，并没有炫耀自己有先见之明，反而谦虚地表示："这不是预先能想到的。"

晋武帝司马炎称帝以后，鉴于羊祜辅助有功，遂任命他为中军将军，加官散骑常侍，封郡公，食邑三千户。对此，他坚决推辞，于是改封为侯。虽然名位显耀，但羊祜对于王佑、贾充、裴秀等前朝有名望的大臣，一直秉持着谦虚的态度，从不将其视为自己的属下。

晋武帝曾经为羊祜在洛阳建筑豪宅，但羊祜却拒绝了。女婿劝他购置产业以养老，他说："作为大臣去谋私产，这必定会损害公家的利益，这是为人臣子最要忌讳的。"

羊祜经常向晋武帝推荐有德有才的人担任高位，但每次他都将起草的文书烧掉，不让别人知道。有人认为他过于谨慎了，应该让被提拔的人知道是谁推荐的。羊祜说："这是什么话！这不是邀功取宠，期望别人对自己感恩戴德吗？对这些，我避之唯恐不及。身为朝中大臣，不能举荐特异之才，岂不有愧，难道要我承担不善知人的责任吗？像那些在朝上为公卿，出来则到私宅去接受谢恩的事，我是绝不会去做的。"

后来，为表彰羊祜都督荆州诸军事等功劳，皇帝加封他为车骑将军，地位等同三公。羊祜再次上表推辞，他在奏章中写道："臣入仕方十余年，便在陛下的恩宠之下占据如此显要的位置，因此无时无刻不为自己的高位而战战兢兢，荣华对我而言实属忧患。我乃外戚，只因运气好才能事事办得顺利，自当警戒受到过分的宠爱。但陛下屡屡下诏，赐予了我太多的荣耀，这让我怎么承受得起，又怎能心安理得？现在朝中，有不少德才兼备之士，比如光禄大夫李憙高风亮节，鲁艺洁身寡欲，李胤清廉朴素，却还都没有获得高位，而我只是一个无德无能的平庸之辈，地位却在他们之上，这让天下人作何感想？怎能平息天下人的怨愤呢？所以乞望陛下收回成命。"但皇帝没有应允。

羊祜去世后，晋武帝哭得非常哀伤。那天特别冷，晋武帝流下的眼泪沾在须鬓上，都结成了冰。羊祜曾有遗言不让把南城侯印放入棺木。晋武帝说："羊祜坚持谦让已很多年了，现在人死了而谦让的美德还在。如今就按他的意思办，恢复他原来的封号，以彰明他高尚的美德。"荆州百姓听说羊祜去世后，为悼念他而罢市，停止集市交易，街巷中的哭泣之声接连不绝，就连吴国守卫边境的将士们也为此而伤心流泪。因为"屋"、"户"与"祜"字谐音，荆州、襄阳一带的百姓为表示对羊祜的尊敬，避讳羊祜的名字，所以把"屋"改为"门"，把"户曹"改为"辞曹"。羊祜生前曾喜欢游岘山，襄阳百姓便在岘山上为他建庙立碑，一年四季祭祀。望着这座碑的人没有不落泪的，所以人们称这座碑为"堕泪碑"。

## 妙语新悟

公正廉明是古代做官的基本要求，对清官来讲，首先是不贪，然后是无私，不贪则廉，无私则公。不论为官或治家，必须以身作则，奉公守法，避免上行下效。持家同样如此。为人应心气平和，保持勤俭节约的传统美德。很多东西从道理上讲人们很清楚，但行动起来确实很难，人们如果能多克服些私欲就可以多存些公德。清俭自律、谦卑退让是羊祜处世立命的准则，亦为后人做出了克己奉公、与人为善的绝好榜样。

人这一生有风有浪、有顺有逆、有高有低，只有秉持着谦卑的姿态行走其间，才能顺利通过所有门庭。事实上，羊祜的做法不仅是谦卑退让、与人为善，而且他身居官场，处处都是陷阱，步步都得小心，正如古人所说，如临深渊，如履薄冰，稍不留神，就可能遭遇灭顶之灾，顷刻之间，身毁人亡。所以做人，还是自律一点好，免得一不留神跌入深渊，万劫不复。

是俭是奢，这不仅是一个人的自我修养或品德问题，更是一种对生活的态度问题，真正的智者总能宁俭不奢，不仅一生平安快乐，也留下令人景仰的清声令名。纵观古今，那种追求奢华、生活糜烂的人，到头来总落得身败名裂，走向肉体和灵魂的双重深渊。

# 心态平和，怒少益多

子曰："有颜回者好学，不迁怒，不贰过。不幸短命死矣。今也则亡，未闻好学者也。"

——《论语·雍也第六》

孔子有一个学生叫颜回，他勤奋好学，从不迁怒于人，也不会在同一个错误上跌倒两次。只可惜，天妒英才，颜回不幸短命。他死后，孔子认为，自己的学生中再没有真正好学的人了。

孔子在这里说的虽是"好学"的问题，但从他赞许颜回的态度上，我们却可以看出，心态平和不迁怒于别人，正是人能够好学的心理条件，同时也在一定程度上保证人们能够不重复犯错。也即是说，良好的心态是增强人们学习和工作效率的有益调合剂。倘若一个人能够制怒，既不对别人，也不对自己发脾气，那么，他必然能够不惹祸端、不受干扰地一路走好。

## 案情陈列

一天晚上，小刺猬正在优哉游哉地走过一道桥。桥很窄，仅容两个身位。

这时，小刺猬借着月光，看见前方有一只兔子飞奔而来。

小刺猬怕自己的刺会伤到对方，于是主动靠到桥的一边。

可兔子仿佛并不领情，它不顾一切，急奔而来，眼看就要撞上小刺猬了。

"咕咚！"没办法，小刺猬被逼跳进了河里。仗着水性，小刺猬好不容易才爬回桥上。

"你这该死的兔子！"望着兔子扬长而去的身影，小刺猬埋怨道。同时它无奈地迈开双腿，继续过桥。

前面又跑来了一只驮着袋子的小松鼠。

"看这家伙将怎么做？我已知道如何去对付它了。"小刺猬恶狠狠地想。

小松鼠跑来了，小刺猬故意站到桥中央，把身体缩成一团，竖起身上的硬刺，让自己变成一个刺球。

"哎哟！"小松鼠惊叫一声，被扎个正着，"咕咚！"一下栽到了河里。

"救命啊！我可不会游泳啊……"小松鼠在河里大声呼救。

幸好，附近巡夜的猫头鹰博士闻讯赶来，救起了小松鼠，有惊无险。

"孩子，有啥事这么想不开？"猫头鹰博士问。

"没有。冬天快到了，老松鼠牙口不好，吃不了坚果，我正赶着把多余的蘑菇给它老人家送去呢。不料，走得太急，不小心把刺猬兄弟撞着了……"

"不，错全在我。"小刺猬自知错怪了好人，羞愧难当。

"这到底是怎么一回事？"猫头鹰博士一头雾水。

小刺猬于是将事情一五一十地讲出来。

"兔子横冲直撞，是它的不对；但因为它做错了事，而使小松鼠这样一个好人来代为受过，这就是小刺猬你的不是了。如果这样，对兔子又会有怎样的教训呢？它现在也许还在兴高采烈地狂蹦乱跑呢！"猫头鹰博士正色道。

"全世界最不明白事理的刺猬啊，将甲做错的事归罪于乙，它们之间可以说是风马牛不相及，而我却将它们混为一谈？！"小刺猬自责不已。

小刺猬主动向小松鼠道了歉，挥手告别。

独个儿走在黑暗中，小刺猬小心翼翼地前行。

小刺猬边走边反思，对于兔子，或许自己也该原谅，说不定是窝里的小兔子饿了好几天，它才背着胡萝卜火急火燎地往家赶？也可能天太黑，自己个子太小，它没注意到，人家是有意去撞自己的吗？！

从那以后，不管白天黑夜，无论对方是凶猛的狮子，还是赶着去开秘密会议的狡猾狐狸。只要在路上，小刺猬总能前事不忘，宽忍让人。

## 妙语新悟

万物同生，却并不互相妨害，道路并行而互不冲突。所以儒家认为，小的德行如同河水一样长流不息，大的德行使万物敦厚淳朴，这就是自然的伟大之处。

清人傅山说过，愤怒正到沸腾时，就能铲除并停止住，这一点不是"天下大勇者"便不能做到。如果你想和对方一样发怒，你就应想想这种爆发会产生什么后果。如果发怒必定会损害你的身心健康和利益，那么你就应该约束自己、克制自己，无论这种自制是如何的费力。

生活中我们常见到当事人因不能克制自己，而引发争吵、咒骂、打架，甚至流血冲突的情况。有时仅仅是因为你踩了我的脚，或一句话说得不当。在地铁里为抢座位，在公交车上挨了一下挤，都可能成为引爆一场口舌大战或拳脚演练的导火索。在社会治安案件中，相当多的案件都是由于当事人不能冷静地处理事情——许多本就是小事一桩——而发生的。

人皆有七情六欲，遇到外界的不良刺激时，难免情绪激动，发火，愤怒。这是人的一种自我保护的本能的生理和心理反应。但这种激动的情绪不可放纵，因为它可能使我们丧失冷静和理智，使我们不计后果地行事。因此，我们在遇到事情时，在面对人际矛盾时，要学会克制，学会忍耐，而不要像炮捻子，一点就着。

# 不毁不誉，直道而行

子曰："吾之于人也，谁毁谁誉？如有所誉者，其有所试矣。斯民也，三代之所以直道而行也。"

——《论语·卫灵公第十五》

常言道："谁人背后无人说，哪个人前不说人。"人与人相见，三两句话就说起别人来了，这是通常的事。而且越是有名的人，甚至越是伟大的人物，毁或誉也就越多。一个真正干事业的人，应不轻易相信别人的议论，不要计较别人的毁誉，而是应该专心干自己的事，踏实走自己的路。同时对于别人，也不应当因任何原因进行不切实际的诋毁和赞誉。这既是一种做人的道德原则，也是一种生活的大智慧。

孔子对此早有解读，他说："我对于别人，诋毁了谁？赞誉了谁？假如我有怕赞誉，那也必然是经过实践考验过的。夏、商、周三代的人都能如此，所以三代能够直道而行。"

其实，一个人想听到对于自己的正确评价已然不易，但同时能够认清自己，不为别人的毁誉所动，则更难做到。人应有自知之明，否则就会骄傲自满，飘飘然的。很多时候，别人的议论未必是对的，你应该有自己的主张和见解。

## 案情陈列

几只蛤蟆正在进行"田径比赛"，终点是一座高塔的顶端，周围有一大群蛤蟆前来观战。

比赛刚开始不久，观众便开始大声议论起来：

"真不知道它们是怎样想的，做这种不现实的事情，它们怎么可能蹦到塔顶呢？这简直是天方夜谭！"

又过了一会儿，观众开始为蛤蟆选手们喝倒彩：

"喂，你们还是停下来吧！这场比赛根本不现实，这是不可能达到的目的！"

陆续地，蛤蟆选手们一一被说服，它们退却了，停了下来。然而，却有一只蛤蟆始终不为所动，只是不停地向前……向前……

比赛结果，其他蛤蟆选手全部半途而废，唯有那只蛤蟆以惊人的毅力完成了比赛。所有蛤蟆都很好奇——为什么它有这么强的毅力呢？这时它们才发现，原来它是一只聋蛤蟆。

## 妙语新悟

人生就是一场比赛，在冲向终点的过程中，难免有人会向你打压、向你喝倒彩。你是想要成功还是想要听别人的话？倘若有人对你说"停下吧，你的目标无法实现"，你又该如何应对？有些时候，我们索性就让自己装聋作哑吧！

其实，生活之中有很多看似难以企及的事情，只是因为我们受到种种外界因素影响，而没有勇气去尝试，倘若我们能够摆脱外因的束缚，给予自己充分的信心，成功之门就会为我们敞开。

你要意识到，别人眼中不现实的事情，未必就真的不现实，只要你认定了自己的目标，又何必在乎别人说什么！人生，不妨糊涂一点，忽略那些打压你的言论，做一只"聋蛤蟆"。其实，只要你确定自己能够做到，那大多就是可以做到的！

有志之士应当成为自己人生理想和目标的确定者和负责者，不能让别人来决定自己的命运，在从事认定的事业中做到"行义不顾毁誉"，不必计较别人的诋毁或赞扬，保持清醒的头脑，坚定不移地走自己的路，这样才有可能闯出自己的天地来。

# 心中有数，切勿盲从

子曰："众恶之，必察焉；众好之，必察焉。"

——《论语·卫灵公第十五》

"人云亦云"、"随大流"，是人性的弱点之一。一般来说，人们很容易对某种信息和心理状态不由自主地产生无意识的盲从。这种盲从不是通过承受有组织的蓄意压力，接受某种信息或行为模式表现出来，而是通过传播某种情感状态并且无意识地进行心理调节而表现出来的。无组织的人群往往成为这种效应的加速器，如果置身其中，即使有主见的人也容易受其感染而失去辨别能力；正因为常人都容易犯"人云亦云"的毛病，结果很可能导致错误的认识。所以，亲自去细致地观察某种人或事，得出符合实际的正确结论，在人们的处世决断中是很有必要的。

现在人们生活在一个充满专家的时代。由于人们已十分习惯于依赖这些专家权威性的看法，所以便逐渐丧失了对自己的信心，以至于不能对许多事情提出自己的意见或坚持信念。这些专家之所以取代了人们的社会地位，是因为是人们让他们这么做的。

没有独立的思维方法、生活能力和自己的主见，那么生活、事业就无从谈起。众人观点各异，欲听也无所适从。只有把别人的话当参考，坚持自己的观点按着自己的主张走，一切才处之泰然。

一个人能认清自己的才能，找到自己的方向，已经不容易；更不容易的是，能抗拒潮流的冲击。许多人仅仅为了某件事情时髦或流行，就跟着别人随波逐流而去。他忘了衡量自己的才干与兴趣，因此把原有的才干也付诸东流。所得只是一时的热闹，而失去了真正成功的机会。

爱默生曾经说过："想要成为一个真正的'人'，首先必须是个不盲从的人。你心灵的完整性是不容侵犯的……当我放弃自己的立场，而想用别人的观点去看一件事的时候，错误便造成了……"的确，一个人，只要认为自己的立场和观点正确，就要勇于坚持下去，而不必在乎别人如何去评价。

## 案情陈列

美国的威尔逊在最初创业时，只有一台价值50美元分期付款赊来的爆米花机。第二次世界大战结束后，他做生意赚了点钱，于是就决定从事地皮生意。当时，在美国从事地皮生意的人并不多，因为战后人们一般都比较穷，买地皮建房子、建商店、盖厂房的人很少，地皮的价格也很低。当亲朋好友听说威尔逊要做地皮生意，都强烈地反对。而威尔逊却坚持己见，他认为反对他的人目光短浅，虽然连年的战争使美国的经济很不景气，可美国是战胜国，经济会很快进入大发展时期。到那时买地皮的人一定会增多，地皮的价格会暴涨。于是，威尔逊用手头的全部资金再加一部分贷款在市郊买下很大的一片荒地。这片土地由于地势低洼，不适宜耕种，所以很少有人问津。但是威尔逊亲自观察了以后，还是决定买下了这片荒地。他的预测是，美国经济会很快繁荣，城市人口会日益增多，市区将会不断扩大，必然向郊区延伸。在不远的将来，这片土地一定会变成黄金地段。

后来的发展验证了他的预见。不到三年时间，美国城市人口剧增，市区迅速发展，大马路一直修到威尔逊买的土地的边上。这时，人们才发现，这片土地周围风景宜人，是人们夏日避暑的好地方。于是，这片土地价格倍增，许多商人竞相出高价购买，但威尔逊不为眼前的利益所惑，他还有更长远的打算。后来，威尔逊在这片土地上盖起了一座汽车旅馆，命名为"假日旅馆"。由于它的地理位置好，舒适方便。开业后，顾客盈门，生意非常兴隆。从此以后，威尔逊的生意越做越大，他的假日旅馆逐步遍及世界各地。

## 妙语新悟

坚持一项并不被人支持的原则，或不随便迁就一项普遍为人支持的原则，都不是一件容易的事。但是，一旦这样做了，就一定会赢得别人的尊重，体现出自己的价值。

一个真正独立的"人"，必然是个不轻信盲从的人。一个人心灵的完整性是不能破坏的。当我们放弃自己的立场，而想用别人的观点来评价一件事的时候，错误往往就不期而至了。

我们也许可以做这样的理解："要尽可能从他人的观点来看事情，但不可因此而失去自己的观点。"

当我们身处于陌生的环境，没有任何经验可供参考的时候，就需要我们不断地建立信心，然后才能按照自己的信念和原则去做。假如成熟能带给你什么好处的话，那便是发现自己的信念并有实现这些信念的勇气，无论遇到什么样的情况。

　　时间能让我们总结出一套属于自己的审判标准来。举例来说，我们会发现诚实是最好的行事指南，这不只因为许多人这样教导过我们，而是通过我们自己的观察、摸索和思考的结果。很幸运的是，对整个社会来说，大部分人对生活上的基本原则表示认可，否则，我们就要陷于一片混乱之中了。保持思想独立不随波逐流很难，至少不是件简单的事，有时还有危险性。为了追求安全感，人们顺应环境，最后常常变成了环境的奴隶。然而，无数事实告诉人们，人的真正自由，是在接受生活的各种挑战之后，是经过不断追求、拼搏并经历各种争议之后争取来的。

　　如果我们真的成熟了，便不再需要怯懦地到避难所里去顺应环境；我们不必藏在人群当中，不敢把自己的独特性表现出来；我们不必盲目顺从他人的思想，而是凡事有自己的观点与主张。

　　对于生活中的我们来说，能拥有自己的完整心灵，使其神圣不受侵犯，即坚守心灵的感应，不要盲从，不要随波逐流，这是非常重要的。

　　孔子提出的"众恶之，必察焉；众好之，必察焉"的主张，既抓住了人们认识并判断事物的错误所在，又恰到好处地点明了正确认识、判断事物的途径和方法，它是我们为人处世不可忽视的重要策略。历史上大量正反事例，也反复印证了它的必要性。一个人在世上做人，要"不疑人，也不受人欺"，哪一方面有了偏失，都会带来危害。

　　当然，对于众人的意见、社会的传言，信还是不信，都不能盲目，既不要盲目相信，也不要盲目不信。正确的态度、重要的途径是必须"察"之。察传言所讲事物的原委、内情，察自己对传言所指对象的了解深度、广度和正确度，尤其要察散布传言者的动机、目的，有了这几"察"，才能尽量不做出错误的举动。

# 第四章 / chapter 4

## 虚怀若谷探为学：
## 学无止境，上下求索

书山有路勤为径，学海无涯苦作舟。人不学则不进！细思之，其实人生就是一个学习的过程——从蹒跚学步到咿呀学语；从小学到中学、到大学；从学着独立生活到学着驾驭工作，其中任何一个环节出现问题，都足以令我们的人生急转直下。所以，不要慵懒、不要散漫，用心去学习你该学的一切，如此你才能书写好自己的人生篇章。

# 学而时习，不亦说乎

子曰："学而时习之，不亦说乎？"

——《论语·学而第一》

　　这是《论语》的开篇之语，也是孔子思想的总纲。孔子不但在理性上一直重视学习，而且也认为，这是人内心快乐的源泉。同时，基于学习之上的感悟，更是一种智者的欢悦。人生在世，能够每天都对世界有新的认识、新的发现，并且有所体悟、有所感动，才能真正算得上是一种高层次的活法。

　　孔子提倡的学习，不只限于书本学习，更重要的是学习做人、做事。因此，孔子在教学中强调"实践"，把所学的东西经过反复实践，真正掌握了，那才能体会到真正的喜悦。这是一个人成长的喜悦。

　　宋代大儒朱熹曾用"涵泳"来论读书。所谓"涵"，好比绵绵春雨滋润花草，好比清清渠水灌溉禾苗。春雨滋润花草，太小就难以使花草透湿，而太大就容易使花草倒伏，恰如其分则会使花草浸湿而又滋润。渠水灌溉禾苗，太小就会使禾苗干枯，太多就会使禾苗淹没，恰如其分就会使禾苗滋润而苗壮。所谓"泳"，好比鱼儿在水里游动，好比人在水里洗脚。程颐说鱼儿在潭水里跳跃，显得十分活泼；庄子说在桥上看鱼儿在河里游动，人们哪里知道它们不快乐呢？这是鱼儿在水中得到愉悦。善于读书的人，必须把书籍看成水，而将自己的心智当做花草、当做禾苗、当做泳水的鱼、当做洗涤的脚，这样，才能在享受读书的同时，也在潜移默化中提升了自己的学问水平和做人层次。

## 案情陈列

清朝皇帝康熙，在幼年的时候就刻苦读书，每日竟达十余小时之多。及至青年时，经史子集便烂熟于胸了。特别难能可贵的是，他成年以后，在治理国家的实践中，知道了自然科学的重要，便发愤地学习起自然科学来。据史书《正教奉褒》记载：他亲自召见外国传教士中明白自然科学的徐日升、张诚、白晋、安多等人，请他们轮流到内廷养心殿讲学。讲学内容有量法、测算、天文、历法、物理诸学。就是外出巡视，也邀请张诚等人随行，于公事之余，或每日，或间日，至寓外讲学。康熙帝虚怀若谷，认真学习，甚至还亲自演算，一丝不苟。西人张诚在给自己国家的报告中也说："每朝四时至内廷侍上，直至日没时还不准归寓。每日午前二时间及午后二时间，在帝侧讲欧几里得几何学或物理学及天文学，以及炮术的实地演习的说明。上甚至有时忘记用膳……"

康熙帝不止虚心地向外国传教士学习，还能礼贤下士向国内许多有学问的人请教。当时有名的数学家陈厚耀，有名的天文学家、数学家梅文鼎，他都多次召见，研讨各种学问。他还不耻下问，向梅文鼎请教许多数学、天文学的难题，并认真揣摩，直至达到消化理解，融会贯通为止。

坚持不懈的学习生活，使康熙帝的学问博大精深，特别是在自然科学方面更有造诣。他经常在宫中设立讲堂，为皇子皇孙们讲授几何学。每遇皇子皇孙玩忽学业，他都严惩不贷。他还披阅了梅文鼎的许多著作，并提出不少具体意见，使梅文鼎都惊讶他的学问渊深。他还接受数学家陈厚耀的建议，编纂了一本集那个时代数学之大成的百科全书《数理精蕴》，书草成后，他亲自审阅，有时已过子夜尚不休息。康熙帝刻苦自励的学习生活和所达到的知识水平，直接促进了康熙盛世的出现。

## 妙语新悟

现在很多人读书只是为了消遣，或者是为了装饰，凑热闹，以显示自己的修养，这样的人读书就离开了大道。说现代有的人浮躁，在读书上看得最清，不能静静地坐下来，潜心体味。

读书摆脱了功利的实用主义，把读书看成修身之必需，这样书才能读出味道，读书时才能不浮躁，静下心，持之以恒。心静、明理的结果必然是学习上的持恒和透彻。

对于我们而言，若想在人生之中有所建树，无论你身处哪一岗位、从事何种事业，都不能停下学习的步伐。你应该清楚地意识到，知识、技能是事业的基石。在它们能够支撑你的事业时，绝不能懈怠，令其落在时代后头；当它们不能达到事业的要求时，你必须加重学习任务，以适应时代的变化。如此你会发现，在瞬息万变的信息时代，学习就是安身立命、开创天地的一把利器，只有通过学习来超越自我，你的人生才会更有意义。

若是一味沉浸在以往的成就中扬扬自得，不思进取，不去学习适应社会发展的能力，你的人生就一定会受到阻碍，甚至停滞或是倒退。

你应该知道，当今的企业对于不思进取的人是不会留用的。每一名员工必须对自己的工作技能负责，必须不断提升自己的价值。竞争是残酷的，你不去征服它，就只能被竞争所淘汰。

现如今，知识、技能"折旧"的速度越来越快，未来职场的竞争，将会逐渐由技能竞争转化为学习能力的竞争。一个善于学习且能够坚持学习的人，势必为社会所青睐，前途必然会一片光明。

坚持学习，你就能掌控住每一个成功的机会；坚持学习，你"点石成金"的手指就一直不会褪色。对于一个人而言，坚持学习是成功不可或缺的条件。

# 为学修业，终生不辍

子曰："吾十有五而志于学，三十而立，四十而不惑，五十而知天命，六十而耳顺，七十而从心所欲，不逾矩。"

——《论语·为政第二》

人的一生很是短暂，但生命的成长和精神境界提升的历程却是一个漫长的过程。许多人都在追逐一些华而不实的东西，却忽视了作为人一生中一切事物的根基的进德修业功课，以致到头来才发觉自己的一生其实都处于浑浑噩噩的状态中，并未取得任何实质性的成就。

那么，孔子又是怎样做的呢？他告诉大家——"我十五岁时开始立志学习；三十岁能自立于世；四十岁时明白了一切事物的道理而不再有疑惑；五十岁时懂得了天命的道理；六十岁能听得进不同的意见；到了七十岁时已经达到随心所欲的地步，但从来都不会逾越法度。"

自我的完善，不仅是为人处世的前提条件，更是自身充实生命的需要，因此，需要我们时时处处勤奋努力。即使这样，能达到孔子所说的那种境界也是有困难的。但因此而放松懈怠，却更是一种自弃，没有人能够在自己的生命之外找到真正能安身立命的所在。

## 案情陈列

众所周知，毛泽东可谓是终身学习的典范。

毛泽东8岁时，父亲便将他送到附近的私塾。在这里，毛泽东学会了《三字经》《论语》《孟子》和《诗经》等国学大作。不过毛泽东有一个"怪癖"——读书从不出声来，常常急得私塾先生要点他背书。

"阿公，您老人家不要点，省得费累！"某一天，毛泽东恭敬地对先生说道。

"你读书之人，不点书怎么要得？"

"您不相信？我背给您听听！"毛泽东充满自信。

先生一一点来，没想到他果然都能背得只字不差，甚至一些先生还没有教过的书，他都能背诵出来。

当然，毛泽东主席并没有过目不忘的本领，这完全得益于他的勤奋好学。

原来，他每天回到家里，除了劳动，就是埋头读书。炎热的夏夜，蚊子成群结队地往人身上叮，毛泽东便钻进蚊帐，在床前放一盏灯，把头伸到帐子外面看书。有时蚊子在头上和脸上叮了好多包，他还浑然不知，依然聚精会神地读着。

毛泽东一生都没有放弃学习。他在延安时，亦曾大力倡导干部们加强学习——"年老的同志也要学习，即使我还能再活10年死，也要学9年359天"。毛泽东一生读书之多、之广、之深、之活，世所罕见，但他并没有就此满足，他曾不止一次说过"三天不学习，赶不上刘少奇"，这不仅是对刘少奇同志的一种夸赞，同时也是对于自己的一种激励。在他看来，"学习的敌人就是自我满足，要认真学习一点东西，必须从不自满开始。"

## 妙语新悟

"掌上千秋史，胸中百万兵！"毛泽东主席之所以能够成为杰出的政治家、文学家，不是靠手段，更不是靠运气，靠的是坚持不懈地修业进德，不断地提升自己。这样，他的水平才达到了那种层次，并且有一种积极向上、旷达圆融的精神贯穿支撑，就难怪他会在芸芸众生中脱颖而出了。

正所谓"学无止境"，为学修业绝不应该满足。人这一生，需要学习的东西数不胜数，我们应该有的放矢，身上缺少什么，就补充什么，如此才能不断地完善自己。

毫无疑问，学习是有利于人生进步的，同时，它亦可充实我们的生活。一个人如果知道自己学得不够，自然而然就会谦虚谨慎，而越学又越会觉得自己无知、渺小，于是自己的感悟及收获就会大增。

毫不过分地说，学习，就是我们"点石成金"的手指，是我们立足于社会的根本。在"千军万马过独木桥"的今天，唯有懂得学习、会学习，才能出人头地，摘下属于自己的胜利果实。

所以，每一个志在成功的人，必须不断在工作和生活中学习新的知识、汲取新的养分，借以不断提升自身的能力。要知道，在知识"折旧"的过程中，即便是原本可以"点石成金"的手指，也会逐渐失去光泽，最终变得与普通手指一般无二。

# 不仅能学，还要能做

子曰："君子不器。"

——《论语·为政第二》

一个志在成功的人不仅要勤学精通书本上的知识，更要通晓世间一切事物的规律，活学活用，绝对不做一个没有第二条路可走的"器皿"，这样才能有所作为。

也就是说，一个人仅仅勤学、能学是远远不够的，更重要的是，你能不能把知识运用到实践之中。

"文凭"，学历的象征，拥有一张高等文凭，显然易见，这个人的知识是很丰富的，但究竟算不算是人才，还有待考证。因为，无论你学得多好，倘若像器皿一样，只能装得进去，却无法发挥其他作用，那么也只能说是"高分低能"。

要知道，文凭或许能够成为你步入职场的"敲门砖"，但它绝不是社会进步的推动力，社会需要的是那些德才兼备、有知识更有能力的人。仅凭镀金的文凭不足以将你推向成功，没有货真价实的本领，社会一样会将你淘汰。

曾几何时，社会上流行"考证热"。想找一份好工作怎么办？容易！拿下学位证、英语等级证、计算机等级证，以及各类资格证书，证书越多就代表你越有才干。然而事实真是如此吗？

今时今日的各企事业单位已然理智了很多。这是因为，它们先前所招聘的"高文凭者"，大多眼高手低，只挑高管职位，却没有实干能力，给企业造成了很大负担。于是，现在的企事业单位越来越重视能力了。

"拥有哈佛学位，在世界任何一个地方都能混得开"——不少怀揣"哈佛梦"的人都这样认为。那么，哈佛到底有多神？哈佛学子真能个个成功？哈佛的理念真能在中国的土壤上生根发芽吗？未必如此。拥有哈佛文凭却没有能力，有时连工作都难找到的人，其实也并不少见。

## 案情陈列

维斯布洛克毕业于哈佛大学，在校时他的成绩出类拔萃，财务、会计等课程门门优秀，投资银行很需要这样的人才，而他也希望能够进入金融领域工作。但先后几次面试，他却一一败下阵来。在学校，他确实是个首屈一指的优等生，但不知为何，偏偏在面试时怯场，哈佛的口才培训课程，看上去在他身上并未起到良好的作用。更恼人的是，甚至连那些成绩一般的学生都可以录用的二流企业，也对其置之不理。最后，他准备的面试公司名单上，就只剩下了一家地方企业。由于连续的挫折，维斯布洛克饱受打击，他消极地想：我的大学时代就是在这个城市近郊度过的，回到这里有什么不好？

面试开始以后，维斯布洛克感受到一种前所未有的好气氛——面试官是一位平易近人的年轻人，而且毕业院校与自己的母校有着良好关系，所以二人谈得非常融洽。维斯布洛克心想：这次应该没问题了吧！

然而，当面试官问道"你希望加入我们公司，其出发点是什么"时，维斯布洛克蒙了。

说实话，他原本没想到会来这最后一家候选公司面试，所以准备很不充分，对该公司的情况知之甚少。慌乱之中，他只能把有关投资银行的知识拿出来应付场面，毫无疑问，这又犯了一个致命错误。他的话音刚落，面试官便默默站起身来，打开房门，做出一个"请"的手势："对不起，我们公司可不是投资银行，以前不是，现在不是，将来也不打算成为投资银行。不过你的发言还真让我吃了一惊。迄今为止，把我们与投资银行搞混的人，你还是第一个。请记住，我们公司是美国屈指可数的几家资产管理公司之一，真不知你是怎么从哈佛毕业的。"走出该公司很长时间，面试官的话依然在维斯布洛克耳边回荡着……

## 妙语新悟

与维斯布洛克拥有相似遭遇的哈佛毕业生不在少数，他们往往也能找到一份属于自己的工作，但绝不是人们想象中那样，依靠着哈佛的毕业证书，而是凭借着他们自身的出色能力。

所以说，能力才是生存的最佳保障，是职场上最可靠、最有效的通行证。随着社会的发展、竞争的日趋激烈，那些不思进取，只知"抱着文凭睡懒觉"的无能之辈，迟早会被社会所淘汰。所以，若想在人生之中处于不败之地，从现在开始你必须正视自己，抛除"文凭就是一切"的错误观念，用行动为自己充电，用能力来为自己加分。

在当今竞争激烈、瞬息万变的社会，一个人不可能在同一位置静止不动。而当某种"动荡"把人从一个熟悉的环境中抛到另一个完全陌生的地方时，许多人就会不知所措了。其原因就在于在复杂的现实中，单凭一只脚走路是不牢靠的，人必须学会多种生存本领，不仅"学业"要精，能力更要强。只有具备这样的素质、这样的知识结构，才能在生活中处变不惊、游刃有余。这既是领导者为政的必要素质，也是任何一个现代人所不可缺少的本领。

# 为学常思，学以致用

子曰："学而不思则罔，思而不学则殆。"

——《论语·为政第二》

关于"学"与"思"的关系，人们在理论上大概都能认识到必须并重，但在实际中，很多人往往会偏废一方面。可见这不仅是态度问题，更是方法问题。"学"是求乎外，在于知物；"思"是求乎内，在于明理。这种外学和内省，在人的成长中应是相辅相成的事情，是同等重要的。

孔子说："只读书而不去思考，就会犯糊涂而无所得；只顾思考而不去读书，则容易陷入空想而出现问题。"人的走路也如同学习，必须用两条腿，否则，轻则发生倾斜，重则寸步难行。

古语有云："读书不见圣贤，如铅椠庸；讲学不尚躬行，如口头禅。"其意为：枉读诗书，却不能参透先贤的精髓，最后只能成为一个卖字先生；教书却不能身体力行，和一个只会念经却不懂佛理的和尚一般无二。

正所谓"全信书，不如无书"。固有知识是前人在探索世界以后，总结出的直接经验，对于你而言则是一种间接经验。学习和继承前人的成果，确实可以让我们少走很多弯路，但若想知识真正成为事业的推动器，我们就必须摒除只重理论而不注重实际运用的错误做法。

事实已经证明，科学上的进步、技术的革新、社会的发展，就是一个不断提出疑问、解决疑问的过程，即一个从无疑到有疑，从有疑到释疑的过程。人生同样如此，若想推开事业的大门，我们必须要学，但绝不能学"死"，要敢于提出提出疑问，要懂得触类旁通，学以致用。反之，如若一味抱残守缺，拘泥于固有知识、经验，就不会有什么创见。

## 案情陈列

有兄弟二人就读于同一所大学的市场营销专业，毕业后来到了同一家公司。

一年以后，公司老板提拔哥哥当了营销主管，弟弟感到很委屈，他觉得自己比哥哥更加守纪尽责，读书时成绩也比哥哥好，而公司却提拔了哥哥，难道是因为自己没有和领导搞好关系？

弟弟的想法完全被老板看在眼里。一天上午，他不动声色地将弟弟叫到办公室，指示他去一家市场调查白菜的行情，然后回来向他报告。

弟弟来到市场以后，看到那里只有两个摊位，且卖的都是鸡蛋。于是，他返回公司向老板报告："市场上不卖白菜，只有两个卖鸡蛋的摊位，所以我无法了解白菜的行情。"

老板听后让弟弟暂且坐下，又叫来了哥哥，并指派了同样的任务。

哥哥走后，老板对弟弟说："看看你哥哥是怎么做的。"

一段时间以后，哥哥走进办公室："卖白菜的人已经走了，经过打听得知，今天的白菜售价是每千克0.3元，销路很好；现在市场上只有两个卖鸡蛋的，价格为每千克5元。据卖货人讲，近期鸡蛋货源非常充足，如果想大量购买，价格还可以降低。如果您想要进一步的资料，我可以把卖鸡蛋的人找来。"未等经理讲话，弟弟就已经羞愧地走出了办公室。

## 妙语新悟

其实，这样的事例在生活中不胜枚举。例如，当城市人来到农村以后，很多人甚至分不清麦苗与韭菜。之所以会这样，是因为城市人只是在书本上见过麦苗与韭菜，却没有感性上的认识；而农村人因为接触多了，所以能分辨得一清二楚。

由此可见，在人生中求发展，在社会上求生存，光"学"是远远不够的。如果你不能将学到的知识、经验进行加工整合，变成自己的东西，就永远都不可能得到真正的学问。这也是人类进步的一种要求。

《礼记》有言："博学之，审问之，慎思之，明辨之，笃行之。""学"是为了掌握一技之长，以此安身立命，谋求发展。"技"是死的，但人是活的，若不能把学来的"技"活用起来，只知墨守成规，到头来，只会成为别人眼中的笑话。

时代在发展，竞争形势愈演愈烈。所谓人才，必须在学有所长的基础上，懂得灵活变通，用你所掌握的知识、技能去盘活人生，创造最大的价值。否则，你就只能眼睁睁看着别人先己一步将成功抢在手中，只能眼睁睁看着自己在竞争中惨遭淘汰。

# 虚心求教，夯实自我

> 子入太庙，每事问。或曰："孰谓人之子知礼乎？入太庙，
> 每事问。"子闻之，曰："是礼也。"
>
> ——《论语·八佾第三》

一次，孔子来到周公庙，每件事情都发问。有人便说："谁说叔梁纥的这个儿子懂得礼呢？他到了太庙，每件事都要向别人请教。"孔子听到后，便说道："（不懂的地方就问）这正是礼呀。"

孔子说这些话时是在担任鲁国司寇，此时他已到知天命的年龄了，他的知识、为人，那时早已闻名遐迩，真的对太庙的一切他一无所知吗？显然不是，其所以"每事问"，正表现了孔子处处谦虚、谨慎，虚心好学，不耻下问的治学精神。

常言道，大海之所以为大，在不拒细流；高山之所以为高，在不辞壤土。知识不惧多，学问无止境，不知则学，精益求精，这既是做人的道理，也是求学的"捷径"。古今之伟人、名人，在学业、事业上有造诣的人，莫不具备"每事问"的精神。

## 案情陈列

我国有"神医"之称的古代医学家华佗精通内科、外科、妇科、儿科、针灸等各科，其中，尤以外科最为擅长。华佗成名以后，来寻他诊

治的人非常之多。

某日，有一年轻人前来看病，华佗询问检查过后得出结论："你所患之病为头风病，药倒是有，只是药引子无法寻找。"

"需要用什么做药引子呢？"

"生人脑。"病人闻言吓了一跳，这药引确实无法寻找，于是，只得失望地回家了。

过了一段时间以后，年轻人又遇到位老医生，老医生问他："你可曾找人看过？"

"我找华佗看过，他说要用生人脑做药引。"

老医生摇摇头，说道："不必非用生人脑，你去找十顶旧草帽，熬汤喝了就可以。记住，一定要找人家带过多年的。"

年轻人依言而行，果然药到病除。

又一日，华佗巧遇年轻人，见他精神抖擞，不似有病模样，于是惊讶地问道："你的头风病治愈了？"

"是啊，多亏了一位老先生。"

华佗将事情了解清楚，心里非常敬佩那位老医生。他决定向老医生请教，将他的经验学来。但他知道，如果人家知道他是华佗，肯定不会收为徒弟。于是，他将自己扮成一名普通人，跑到老医生那里当起了徒工。

直至三年以后，老医生外出，华佗在为人治疗疑难杂症时被老医生看穿了身份。老医生对华佗的好学精神极为钦佩，将自己多年的行医经验及所得偏方倾囊相授。从此，历史上便有了这样一段虚心求教、不耻下问的美谈。

## 妙语新悟

所谓"人外有人，天外有天"。纵然你身怀绝技，也会有人更胜于你；纵然你才高八斗，毕竟也是所知有限。谦虚是求学建功必备的一种素质，谁不谦虚，谁就会被成功拒之门外。

虚心求教、不懂就问的良好习惯，不仅体现出一个人良好的修养和深厚的内涵，而且在实际的学习和生活中，也会让自己受益匪浅，水平不断地得到提升。

尤其是在竞争中，当对峙双方条件不相上下时，往往是低调而谦虚的人更容易得到他人的认可，因为他给人的感觉更真诚、更富有人情味。相反，态度傲慢、自以为是的人，多是不受人待见的，因为张狂总是会刺伤别人的自尊心，引起他人的反感甚至是防范，从而陷入了被动。

所以，不要因为别人在某一方面不如自己就轻视别人。须知，人各有所长，虚心可以使我们取他人之长补自己之短。如此一来，我们才能随时随地地严格要求自己，夯实自己，才能在虚心求教中不断得到进步。

古往今来，那些在各自领域做出杰出成就的人，多是虚心好学之人，他们虚心求教的对象，是不拘于何人何时何地的。或许正因为如此，成功才如此眷顾于他们。这是一种"礼"，更是一种成功的必然途径。

# 多师前人，少走弯路

子张问善人之道。子曰："不践迹，亦不入于室。"

——《论语·先进第十一》

子张问孔子怎样才能完善自己，孔子说："不踩着前人的脚印走，学问道德也就修养不到家。"

一个人有做大事的目标，也有奋发进取的精神，这无疑是很好的。但是，在奋斗的过程中，方法也是极为重要的。否则，就有盲目不得法或走错路的可能。一般来说，每种事业都已有前人开拓的道路和已取得的成就，那么后学者就有必要沿着前人的足迹前进。这样不仅不会误入歧途，也会大大节省力气。因此，善于继承总结和利用已有的资源，并且能虚心向比自己有才能、有经验的人请教，是每一个事业开始起步的人所必须学会的方法。

中国有句俗话，"不听老人言，吃亏在眼前"。很多时候，"老"并不只代表一种年龄状态，其实它更是人生经验和智慧的象征。在人生事业的岔路口，多听听"老人"的意见，绝对有助于使自己不走错路。

## 案情陈列

西汉初年，班超为西域都护使。他在漠北任职达 30 多年，威慑西域诸国。在他任期内，西域各族不敢轻举妄动，因此汉朝西北部边疆及西域地区得以和平安宁。为此朝廷封其为定远侯，可谓功成名就。

当班超年老力衰之后，感觉自己已不能胜任此职，便上表辞职。皇帝念其劳苦功高，便批准了他的请求，让任尚接替他的职务。

为了办理交接手续，任尚拜访了班超，问他："我要上任去了，请您教我一些统治西域的方法。"

班超打量了一下任尚，答道："看你的样子就是个刻板性子的人，做事可能一板一眼，所以我有几句话奉劝你：当水太清时，大鱼就没有地方躲藏，谅它们也不敢住下来；同样为政之道也不能太严厉、太挑剔，否则也不容易成功。对西域各国未开化民族，不能太认真，做事要有弹性。大事化小，繁事化简才是。"

任尚听了，大不以为然。虽口头上表示赞成，内心却不服。

"我本以为班超是个伟大人物，肯定有许多高招教我，却只说了些无关痛痒、无足轻重的话，真令我失望。"

任尚果然把班超的教诲当做了耳旁风。他到达西域后，严刑峻法，一意孤行。结果没过多久，西域人便起兵闹事，该地就此失去了和平，又陷于激烈的刀兵状态。

出现这样的结果，任尚想必是非常后悔的。但是，已酿成大乱，后悔已无济于事了。

## 妙语新悟

班超出使西域数十年，他的成功经验当然是宝贵的。任尚毫无治理西域的经验，应该认真领会才对。可惜的是任尚太过自以为是，不但没听从班超的正确意见，而且还反其道而行之。因此，他后来铸成大错，也就没什么可奇怪的了。

其实，成功者只是运用了正确的方法，而他们的方法我们一样可以学到，一样可以运用到生活中，帮助自己取得成功。因此说，注意向成功者学习，掌握向这个社会"进击"的正确方法和技巧，无疑是猎取成功的捷径。

成功者用几十年摸索出来的路，我们没必要再用几十年去摸索，我们只要从他们那里学习过来就行了。就像你要去别人家里，最快的方法当然是让他带你去，因为他最熟悉这条路了。所以不论你从事什么行业的工作，进步最快的方法，就是去找你这一行业的最优秀者，向他学习。

多见世面，增长见识，去跟最优秀的人接触、交谈，就是提升自己的捷径。

第五章 / chapter 5

古为今用学交往：
益者近之，损者远之

　　毋庸置疑，人活着就必然有交际，每个人都活在一个或几个朋友圈中。不过，对于朋友，我们也要有选择性，古人就曾说过『近朱者赤，近墨者黑』。一旦你进入了一个圈子，这些朋友将是你一生中对你影响最深的人。有选择性地加入对你将来发展有利的圈子，多向圈子中的前辈求教，会使你的人生获得很大的益处。

# 益者近之，损者远之

子曰："益者三友，损者三友。友直，友谅，友多闻，益矣。友便辟，友善柔，友便佞，损矣。"

——《论语·季氏第十六》

孔子认为："有益的朋友有三种，有害的朋友有三种。同正直的人交友，同诚实的人交友，同见识广博的人交友，是有益的。同表面老实而心术不正的人交友，同善于阿谀奉承的人交友，同善于花言巧语而胸无实学的人交友，是有害的。"

人的一生不可无友，但交友不可不慎重选择。我们看到许多人由于朋友的帮助克服了困难，或事业上取得了成就。也看到许多人，特别是年轻人，由于交友不慎而误入歧途。交友应该"友直、友谅、友多闻"，这样的朋友可以使你长善救失，开阔心胸，德业学问日渐高明。反之，如果交上坏朋友，不但不能长进，反而可能走上犯罪的道路。由于朋友的熏陶濡染，不知不觉就被同化了，它有时比父母和老师的教导更有影响。

友直、友谅、友多闻，这已成为交好朋友的准则，第一种"友直"，是讲直话的朋友能说出并劝止你的错误，即所谓"诤友"；第二种"友谅"，是比较能原谅人，个性宽厚的朋友；第三种"友多闻"，是知识渊博的朋友。孔子将这三种人列为对个人有助益的朋友。另外在朋友中，对自己有害处的三种定要戒之。第一"友便辟"。就是表面正直而惯于逢迎。第二"友善柔"。就是个性非常软弱，依赖性太重，甚至一味依循迎合于你。你要打牌，他也好；你要下棋，也不错；你要犯法，他虽然感觉不对也不反对，跟着照做不误。这类人可以说是成事不足，败事也不足。第三"友便佞"。这种人更坏，可以说是专门逢迎的拍马屁能手，绝对是成事不足，败事有余的人，特别要当心。

毋庸置疑，在人生的道路上，我们应多与优秀的人交往，使自己从中汲取营养，使自己得到长足的发展。因为与品格高尚的人在一起，你会感到自己也在其中得到了升华，自己的心灵也被他们照亮。

## 案情陈列

马丁的生活，似乎完全是受了一个在初级中学学习时的朋友的影响。

马丁是一个相当愚笨的学生，但他父亲还是决定让他接受大学教育。在剑桥大学里，马丁认识了在初级中学的一位伙伴。

从此以后，这位稍长的学生成了马丁的指导教师。马丁能够应付自己的学业，但是仍然容易激动，脾气暴躁，偶尔会发泄自己难以抑制的愤怒。但他这位年纪稍大的朋友却情绪稳定，富有耐心。他时时刻刻照顾、指导和劝勉自己这位易怒的同学。他不允许马丁结交邪恶的朋友，劝他认真学习。"这不是要得到别人的称赞，而是为了上帝的荣耀。"这位朋友的帮助使马丁在学习上进步很快，在第二年圣诞节的考试中他名列年级第一名。

后来，马丁也给了很多人以无私的帮助。

## 妙语新悟

这个故事给了我们一个很好的启示，当我们与具有积极的思想、乐观的心态、品德高尚的人士做朋友时，成功的机会也就大大增加了。反之，倘若我们与自卑甚至低劣的人交往多了，我们自身也会变得平庸乃至低下。

什么样的朋友才能靠得住？也许人心隔肚皮，难以臆测，但如果能尽量依照孔子的这种亲益远损的原则去结交朋友，也许能够最大限度地得到真正的朋友，而远离奸诈小人的伤害。

实际上，每个人不管自觉或不自觉，他们交朋友总是有所选择的，总是有自己的标准的。明代学者苏浚把朋友分为"畏友、密友、昵友、贼友"四类，如此划分便可明白：畏友、密友可以知心、交心，互相帮助并患难与共，是值得深交的；那些互相吹捧、酒肉不分的昵友，口是心非，当面一套，背后一套，有利则来，无利则去，还有可能乘人之危损人利己的贼友，那是无论如何也不能结交的。

孔子说的交友、择友之道，实际上就是一种为人之道。当人们用正直、诚信、博学多识作为自己选择朋友的原则时，特别是力戒与那些"损者"为友的时候，这其实也是在为自己、为对方确立了一个做人的道德目标和行为准则。我们只有先让自己在道德上努力做到正直、诚信，并且不断追求广博的知识，提高自己的能力，才会得到朋友的认可，也才会受到社会的尊重。

益友难交，因而显得更加可贵，我们所说的朋友并不是越多越好，我们应该多交益友，少交损友，这样才能够真正从朋友那里得到帮助和快乐。

益友志同道合，可以让你有所借鉴，对你有所帮助，能在关键时刻扶你一把。交友不能不慎重，一定要有分辨才能交上益友。

# 捕捉细节，察人识人

　　子曰："视其所以，观其所由，察其所安。人焉廋哉？人焉廋哉？"

　　　　　　　　　　　　　　　　　　——《论语·为政第二》

孔子说："了解一个人，看他的所作所为，了解他的做事途径和方法，考察他的爱好。这样，这个人的品质还怎么能隐蔽得了呢？这个人的品质还怎么能隐蔽得了呢？"

人是社会关系的集合体，具有多方面的特征，有时这些特征之间甚至是相互矛盾冲突的，因此，想看透、了解一个人，并不是一件很容易的事，只有通过像孔子说的这种方式，才能由外而内、正确全面地去认识一个人的真面目。

　　一个志在成功的人，即使身处安全之地，对生活中发生的不同寻常的事情或举动，也要居安思危，事先看透他人的真实居心，而采取未雨绸缪的防范之策。

　　那些人杰与普通人，差别仅在咫尺之间。就是在那很微小的地方，有的人发现了重要的甚或石破天惊的事件，有的人却一无所见。因此，每个人都不可忽略小事，常常就是在小事上，就在对一个人举手投足的认识上，可以看出事物变化的真实情况。

## 案情陈列

　　春秋战国时期，赵国的国王赵简子想确立王位的继承人。于是赵简子便写了一篇训辞，并将训辞分别写在两块竹简上面，叫两个儿子各执一块，并要熟记训辞的内容。三天之后，赵简子将大儿子伯鲁叫到身边，要他背诵训辞，可伯鲁一个字也没有背出来；叫他把竹简拿出来看一看，伯鲁说早就弄丢了，现不知去向。赵王虽然不悦，但并未面斥。接着赵简子又把无恤叫来，叫他背诵训辞，无恤从头至尾一字不漏地背了出来，后问他竹简在哪里，无恤立即从袖中取出，并恭恭敬敬地奉呈赵王。赵王心里虽然高兴，但并未夸奖。通过这次考验，赵王了解了两个儿子的做事态度，认为无恤能够严守父训，做事认真，听从教育，勤谨有礼，便确立无恤为他的继承人。

　　与赵简子相反，出身农户的刘裕虽没有多少文化，却能够一统天下，他凭借的是自己的豪侠意气。

刘裕在东晋末年南北朝混战之际，崛起于行武，终其一生，戎马倥偬。这位靠战争登上皇位的农家子弟，勇武善战，胸有韬略，的确充满了"金戈铁马，气吞万里如虎"的英雄气概。刘裕曾在桓玄手下做一个小小的头目，当时桓玄已篡位，在私下，桓玄的夫人对桓玄说道："依我看来，刘裕龙行虎步，风度不凡，恐怕不能为人下，不如早点除掉他，迟了恐怕养虎为患。"桓玄说："我刚刚平定中原，目前正是用人之际，战时杀他对我没有什么好处。等北方平定之后，再作打算吧。"一个女子能够很快看出一个人的将来，是与她平素看人无数得出的结论分不开的。只是等到桓玄"再作打算"的时候，刘裕早已羽翼丰满，率领他的人马向自己的帝王之路进发了，不出几年，便夺取了天下。

### 妙语新悟

认清一个人，在很多时候都是一件极其困难的事，尤其是当对方心怀不轨而竭力伪装时。但最根本的原因，恐怕还在于自身的"失察"。

那么，要怎样才能了解一个人的本质呢？大致可以分以下几步来进行：

第一个阶段是描述性阶段，通过初步的接触、观察即能描述所观察对象的外貌特征、兴趣爱好以及文化水平程度、工作情况、社会地位，等等。

第二个阶段是预测性阶段，即进一步了解观察对象的性格特点、思维特征、思想感情、为人处世的态度，等等。此阶段不但能够准确地描述一个人，而且还能预测到一个人的行为。

第三个阶段是解释性阶段，即进一步对一个人的性格成因、生活经历、行为动机及心理基础等进行全面的了解与认识。此阶段不但能预测一个人的行为，同时还能解释其行为的动机以及性格的心理基础。由此，观察一个人，必须正确掌握观察的深度，特别是对一个未知的"陌生人"更不可盲目地下结论，只有通过多方面的认真考察，才能获得准确的了解。

通过三个阶段的融会贯通，人们可以很快地了解一个人的内心动态。从而推断一个人的未来与动向。虽然不少人行为反常、性格怪异，甚至表现为顽劣不堪，但明眼人一眼便能透过这表面现象看出他们的本来面目。

# 与人交往，不以貌取

子曰："以言取人，失之宰予；以貌取人，失之子羽。"

——《史记·仲尼弟子列传》

一个人是否应该被看重，最重要的当然是看他内在的道德品质和学识修养，至于外在的容貌、装饰以及言谈举止等，其实都是次要的。无论是选才用人还是结亲交友，有见识者当然要以此为标准。当然，能够"质"与"文"俱佳更好，但是，切记不可因"文"而废"质"。否则，一旦被外表迷惑，得到一个华而不实的废物，甚至是一个仅仅外面光的"驴粪蛋"，就会不但无益，反而有害。

"以貌取人，失之子羽"，这是一代圣人孔子不小心犯下的错误，并因此而得到的教训。

其实，一些人很不起眼，甚至有某方面的缺陷，但这样的人未必就会成为生活中的失败者，他们往往生活得更好、事业更成功！

## 案情陈列

美国最受爱戴的总统罗斯福，8岁时，他的身体虚弱到了极点，呆钝的目光，露着惊讶的神色，牙齿暴露唇外，不时地喘息着。学校里的老师，唤他起来读课文，他便颤巍巍地站起，嘴唇翕张，吐音含糊而不连贯，然后颓然坐下，生气全无，真是低能儿童的典型。老师虽然很同情他，却也认为他这一辈子大概只能这样度过：神经过敏，如果稍受刺激，情绪便受影响，处处恐惧畏缩，不喜欢交际，顾影自怜，毫无生趣。然而事实是怎样的呢？罗斯福渐渐地克服了自己的缺点，在他进入大学之前，他已是人们乐于接近，一个精神饱满、体力充沛的青年了。他经常在假期中到亚烈拉去追逐野牛，到洛杉矶去狩猎巨熊，到非洲大陆去猎狮子。后来他又胜任了军队的艰苦生活，带领马队，在与西班牙的战争中，功绩显赫。他的老师和同学恐怕做梦也想不到那个畏畏缩缩的低能儿，最后竟然成为美国历史上最伟大的总统之一。

## 妙语新悟

　　有一句老话叫"人不可貌相，海水不可斗量"，单看一个人的外貌就断定他的能力，认定他是否有前途，是一件愚蠢的事情。生活中，总有人喜欢以貌取人，小觑那些外表上有缺憾的人，其实缺憾有时也是一种动力，能帮助他们更快地走向成功。

　　所以人们在对待人和事物的时候，不可仅仅盯住眼前的这么一点点表象，因为它只反映了这个人或者这件事的外在状态。人们要懂得美丽的白天鹅是从丑小鸭变来的，美丽的蝴蝶是从丑陋的蛹变来的，不要以貌取人，应该将目光放得长远一些，对人和事从本质上进行分析、判断，只有掌握了这种能力，才可能做出正确的、符合自己利益的决策，否则就要犯急功近利的错误。

　　人都是在不断变化着的，某个人现在很贫贱，不一定证明他日后就不能成功；反之，某个人表面上很风光，不一定证明他以后就不会窘迫。关键在于要学会识人，要透过表象认识其本质。

# 志同道合，亦师亦友

　　子曰："三人行，必有我师焉。择其善者而从之，其不善者而改之。"

——《论语·述而第七》

这本是孔子劝人谨慎认真、虚心求学的一段话，但细思之，其中却暗含着人际交往的哲理。三人同行，亦可谓之为"志同道合"，那么这句话就可以如此解读：与志同道合的人交朋友，其中必然有人能够成为我的老师，我学习他的优点，而用他的缺点警醒自己，如此相互学习，相互补充，大家一定都会变得更加优秀。

难道不是吗？林肯就曾说过一句话："从某种意义上说，你选择了什么样的朋友，便选择了什么样的人生。"就像三国时蜀主刘备，如果当初他没有与关羽、张飞、诸葛亮这些志同道合的人结为朋友，没有虚心地接纳诸葛亮的建议，又何谈三分天下，建立蜀汉帝业？

由此可见，每个人的一生中，都需要很多朋友，更需要几个志同道合的挚友，他们是我们的人生寄托，更会对我们的事业产生极大的帮助。

## 案情陈列

赫蒙·克洛依是来自卡耐基故乡玛丽维尔的作家，自幼就聪明过人，还在小学时代，就在《哈里》杂志上发表过文章，也算是小有名气。

卡耐基和他都是从玛丽维尔走向纽约的，刚开始时，他们两人并没有什么交往。在一次偶然的度假中，卡耐基遇上了克洛依，两人交谈起来，讲述了各自在纽约的奋斗经历。

卡耐基在和克洛依的一系列交往中，逐步建立起了深厚的友谊，成为一生的挚友，关系一直持续到卡耐基逝世。

两人都有共同的兴趣爱好，喜欢旅游，而且还经常一同出去游泳。

一次游泳中，克洛依问卡耐基："亲爱的戴尔，为什么不尝试写作呢？"

"我正在积极地准备。"卡耐基兴奋地回答。

从此，卡耐基提起了笔，下定决心进行创作，在卡耐基一生的畅销书创作中，克洛依的帮助功不可没。

卡耐基对克洛依在他成功道路上起的作用，非常感谢，为此，他特意在《影响力的本质》一书的扉页上写了一段话赠给克洛依，他写道：

"让我以最高的名誉把此书献给我最尊敬、最重要、最诚实的朋友。"

卡耐基与罗威尔·汤姆斯的交往之始，则完全出于偶然。

汤姆斯在普林斯顿大学时，为了赚取一些零用钱，接收到普林斯顿一带的地方俱乐部及社区中解说去年夏天访问阿拉斯加情形的报告。

汤姆斯为了完成任务，为即将来临的讲演做准备，决定去纽约拜访卡耐基。他们两人合作并取得了轰动性效应，从此以后，卡耐基和汤姆斯成了好朋友。

当汤姆斯雄心勃勃地想以一种兴奋、乐观、激动的第一手资料表达方式发表演说时，在他脑海中涌现出的第一个人便是戴尔·卡耐基，这个曾经帮他获得巨大成功的真正朋友。

接到电报后，卡耐基略做准备，便匆匆地收拾行装奔赴伦敦。

终于，功夫不负有心人，首场演出获得了轰动性的成功，伦敦的新闻界整天都对此进行报道。

这是卡耐基演讲中一次新的尝试，他心甘情愿地做朋友的助手，帮助朋友的事业取得成功。

初次的成功给他们带来了极度的喜悦。他们开了一个小小的庆功会，汤姆斯端着一杯酒对卡耐基说："为我们的友谊而干杯，为我们的事业成功而干杯！"卡耐基举杯回祝。

以后的演出吸引了越来越多的观众，他们成群结队地前往皇家阿伯特尔大厅，甚至也有不少人从英国的其他城市赶来观看演出。

演出任务完成后，卡耐基满怀喜悦地返回纽约。

## 妙语新悟

对卡耐基而言，友谊的感受是非常深刻的，而他对增进友谊也是全身心地投入的。

如果一个男人孤独地在社会上生活，身边没有一个能够信赖的朋友，他的事业是肯定不会成功的。卡耐基事业的成功固然与他自己的艰苦奋斗分不开，但是，如果没有这些挚友的支持和帮助，卡耐基的成功就不会如此辉煌。

与那些比自己聪明、优秀和经验丰富的人交往，我们或多或少会受到感染和鼓舞，增加生活阅历。我们可以根据他们的生活状况改进自己的生活状况，成为他们智慧的伴侣。

一个人选择什么样的朋友，对自己的思想、品德、情操、学识都有很大的影响。俗话说"近朱者赤，近墨者黑"，"近贤则聪，近愚则聩"。古人很重视对朋友的选择，品德高尚的人，历来受人推崇，也是人们愿意结交的对象。而品德低劣的人，却常常被人所鄙视，当然也不排除"臭味相投"的"酒肉朋友"。

# 言行得当，不失人气

　　颜渊问仁。子曰："克己复礼为仁。一日克己复礼，天下归仁焉。"

——《论语·颜渊第十二》

　　一个人立足于社会，靠什么聚集人气，靠什么取得资本？无论古今，都必须以自己的言行来取得朋友的信任，赢得威望。一旦朋友对你的言行看不顺眼，那么其他的一切都可以免谈了。

　　所以孔子教育弟子："克制自己，使自己的言行合于礼，这就是仁。一旦能够克制自己而使言行都合于礼，天下的人就会称许你是仁人。"

　　人作为自然人，当然有私欲和野性的需要，无论是肉体还是精神，是口舌还是行为。然而这种放纵必须放在礼义的制约之下，否则，为逞一时之快，而做出完全不合适的举动，可能使你的整个形象都大打折扣。这样一来，人气骤落，以后还靠什么出来打"天下"？

## 案情陈列

　　有一个人为了庆祝自己的40岁生日，特别邀请了四个朋友，到家中吃饭庆祝。

　　三个人准时到达了，只剩一人，不知何故，迟迟未来。

　　这人有些着急，不禁脱口而出："急死人啦！该来的怎么还没来呢？"

其中有一人听了之后很不高兴，对主人说："你说该来的还没来，意思就是我们是不该来的，那我告辞了，再见。"说完，就气冲冲地走了。

一人没来，另一人又气走了，这人急得又冒出一句："真是的，不该走的却走了。"

剩下的两人，其中有一个生气地说："照你这么讲，该走的是我们啦！好，我走。"说完，掉头就走了。

又把一个人气走了，主人急得如热锅上的蚂蚁，不知所措。

最后剩下的这一个朋友交情较深，就劝这人说："朋友都被你气走了，你说话应该注意一下。"

这人很无奈地说："他们全都误会我了，我根本不是说他们。"

最后这朋友听了，再也按捺不住，脸色大变道："什么！你不是说他们，那就是说我啦！莫名其妙，有什么了不起。"说完，他也铁青着脸走了。

## 妙语新悟

我们天天说话，未必真会说话。有些人说起话来娓娓动听，让人浑身舒服，忍不住会同意你的说法；有些人说起话来像是一柄利刃，令人感觉浑身不自在；有些人说起话来，一开口就让人感到厌烦。

克制自己，言行合礼，这不仅是一种作为人的文明表现，更是一种做人做事的智慧和策略。任何想要在社会中站得牢固，并且想拥有自己一片天地的人，都应该也必须做到这一点。

当今社会是个多元社会，人们的价值观念形形色色，生活理想也不尽相同，一个人若想有所成就，必须善于把各种各样的人团结起来，形成能够帮助自己的一股力量。这就像把许多木板箍成一个水桶一样，我们要善于做那个箍桶匠，而"合适的言行"就是那个箍桶绳。故事中的那个人不知克制，对自己的言行是否合礼适宜更不以为意，结果呢，弄得人人都看他不顺眼，甚至心中无比厌恶憎恨。这样下去，谁还会愿意与他交往？

　　人活在复杂的现实中，应对形形色色的人，要积聚起自己的力量，没有一种特殊的人格魅力是不行的。人格魅力靠什么产生？当然首先是具有亲和力的言语行为。试看古今有一番作为的人，哪一个看上去不是谦谦君子，仁厚长者？起码从表面上看去是如此。

# 忠告善道，不可则止

　　子贡问友。子曰："忠告而善道之，不可则止，毋自辱焉。"

　　　　　　　　　　　　　　　　——《论语·颜渊第十二》

　　子贡问对待朋友的方法，孔子说："忠诚地劝告他，好好地开导他，他不听从，也就罢了，不要自找侮辱。"

　　我们知道，有时候交朋友也是一件很难的事。看到朋友有过失，不劝诫，不是一个诤友，这就不够朋友。但是劝告次数多了，引起他的反感，又容易得罪朋友。中国文化中友道的精神，在于"规过劝善"，这是朋友的真正价值所在。有错误相互纠正，彼此向好的方向勉励，这就是真朋友。但规过劝善，也有一定的限度，尤其是共创事业的朋友更要注意，否则规劝不成朋友翻了脸，得不偿失。

俗话说"人各有志"，你对朋友只能规劝，不能代替他思考，不能代替他行动。孔子就是从这一点出发，提出"忠告善道，不可则止"的方法的。应该说，孔子的主张，确实是交友中必须注意的问题，或者是交友的重要策略。

### 案情陈列

三国时代，当袁绍已经铁定了心要讨伐曹操的时候，田丰却不知进退，死谏袁绍不可以对曹操用兵，并且还指出了袁绍的一连串弱点。

袁绍对众文武说："我很久之前就打算进兵许都，讨伐曹操，但是一直没有找到合适的时机，现在正好赶上春暖花开的时机，恰是出兵的大好时机！"于是就与众文武商议破曹之策。

当时田丰还没有等到众人开口，就立即劝谏道："前一时期曹操攻打徐州的时候，许都很空虚，那个时候咱们没去袭击许都，已经错过用兵良机。如今徐州已被曹操拿下了，曹军的士气正盛，咱们可不要轻敌啊！不如再好好观察一段时间，等发现了漏洞再乘机夺取。"

袁绍眨巴眨巴眼睛说："让我再考虑考虑吧。"

其实袁绍考虑什么呢，他并没有考虑田丰的建议，而是在考虑如何才能够反击田丰。他扭头的时候一下子就看到了坐在旁边的刘备，心想刘备的家眷在曹操手里，他肯定赞成我攻打曹操，于是便问刘备说："田丰劝我固守，你有什么看法？"

刘备说："曹操是个欺君的恶贼，明公您如果不出兵讨伐他，恐怕是有失大义于天下啊。"袁绍一听马上就表扬刘备道："你说得太好了。"当即就准备部署用兵之事。

田丰一看自己的良苦用心没有获得认可，立马又再一次规谏。可是袁绍没有等到他说完就勃然大怒，说："你这等文弱书生就是轻视和害怕用兵，这是害我失去大义啊！"

田丰一听袁绍已完全拒绝了他的建议，还是不肯善罢甘休，进而捶胸顿足地说："你如果不听我的建议，出兵必败无疑！"袁绍听完之后大怒，当时就想把他杀了。经过刘备劝止才没有杀他，把他囚于狱中。

后来战局果然如田丰所料，袁绍战败而归。当田丰听到狱卒兴冲冲跑来告诉他："我军大败而回，主公定会记起先生先见之明而重用先生。"田丰却叹道："吾命休矣，因为袁绍外宽而内忌，一定会羞于见我，必杀而后快。"袁绍回来后真的就把田丰给杀了。

## 妙语新悟

正直、诚实则要在朋友有过错时"忠告善道"，不可袖手旁观。"忠告善道"却又不能强迫命令，越俎代庖，而是"不可则止"。这才能做到"君子断交，不出恶声"。朋友之间就是这个道理，夫妻之间难道不也还是这个道理吗？作为老师，用之来处理师生关系，同样也是非常适用的。

　　孔子与学生交谈的时候，从来都是温文尔雅、非常谦和的。所以师生之道便是朋友之道。其实，每个人都是一个独立个性的主体，"忠告而善导之，不可则止"，这就是对个体的尊重。要想让一个人能够真正地进步或改正错误，要靠个体自己的认识，而不是别人的强制措施。看到朋友做得不对的事，你要真心地劝告，善意地引导。

　　孔子的"中庸"是适可而止、恰如其分；是"殊途同归"，是处理事情时的分寸感，"不要使行动突破质的规定性"。现如今，企业领导者进行管理决策就更应该体现热爱和追求"共赢"的模式。

　　在中国文化当中，友道的精神在于"规过劝善"，这才是朋友的真正价值所在，有了错误相互纠正，彼此之间能够互相勉励，这才是真正的朋友。但是规过劝善，也有一定的限度。特别是一起共事的朋友，我们更应该注意。

# 君子之交，和而不同

　　子曰："君子和而不同，小人同而不和。"

——《论语·子路第十三》

君子、小人在对人对事上为什么会有不同的态度？孔子说："君子讲求和谐而不同声附和，小人同流合污而不和谐。"因为君子尚义，对不合理的事情，就要反对，所以会有不同。小人尚利，对有损于个人利益的事他不会干，对有利于自己的事则不管是否合于正义他都干，所以只能同而不和。

"和"是人际关系的理想状态。孔子在这里所主张的君子之"和"，是在承认对立差异的基础上，寻求双方都可以接受的解决方案，从而使双方共生、共存、共发展。这一"和谐"的思想，不仅可以用于处理人与人的关系，也可以处理人与自然、人与社会的关系。

《三国志·吕岱》篇中有这样一个故事，吕岱有个好友徐原，"性忠壮，好直言"。每当吕岱有什么过失，徐原总是公正无私地批评规劝。徐原的这种做法受到了一些人的非议，吕岱却赞叹说："我所以看中徐原，正由于他有这个长处啊！"直言敢谏，言所欲言，指出朋友的过失或错误，这样才是对朋友真正的爱护。陈毅元帅曾写过两句诗："难得是诤友，当面敢批评。"《诗经》上"如切如磋，如琢如磨"的诗句，也是说朋友之间要互相帮助、互相批评。人非圣贤，孰能无过？有了过失，在别人的帮助下，则可以及时发现并得到改正。

## 案情陈列

宋代的开国功臣赵普，在原则是非问题上，往往与身为一国之尊的皇上发生争执。虽然他对皇上是尽心竭忠地辅佐，但无论何时，他都始终坚持"和而不同"的做人做事原则。

赵普原是赵匡胤的幕僚，任掌书记，曾与赵匡胤等策划陈桥兵变，帮助赵匡胤（即宋太祖）登上皇帝宝座。以后又参与制定先南后北、先易后难的统一战略，帮助太祖、太宗二帝统一了全国大部领土。

赵普从小就学习官吏办事的方法，但读书不多。做了宰相以后，宋太祖常劝他读书，所以到晚年时他总是手不释卷，常常一回到家就关上房门，从箱子里拿出书来读，一读就是一整夜。第二天处理起政务来，总是果断利落。别人谁也不知他读的是什么书，到他去世以后，家里人打开箱子一看，只有《论语》二十篇，因此，后人传说他以"半部《论语》治天下"。

历代做宰相的人，多数都为私利着想，一切言行都要讨皇帝的欢心，绝不触怒皇帝。赵普却把治理好国家看成是自己的责任。在与皇帝发生分歧时，只要他认为自己的意见有利于国家，就犯颜直谏。

有一次，赵普举荐某人做某官，宋太祖不肯任用。第二天，他还是举荐那人，宋太祖仍然不肯。第三天，他又向宋太祖推荐那人，宋太祖发怒了，把奏章撕碎扔到地上，赵普脸不变色，也不辩白，跪下来拾起奏章碎片就回家了。过了几天，他又把被撕碎的奏章贴好，再次像以前那样上奏，宋太祖终于省悟，认为赵普做得对，就任用了那人。

又有一次，一个大臣应当升官，宋太祖素来不喜欢那人，不同意。赵普坚决提升那人的官职。宋太祖发怒说："我就是不给他升官，看你怎么办？"赵普心平气和地争辩说："刑罚是用来惩罚坏人的，赏赐是用来酬劳功绩的，这是古今一致的道理。况且刑赏是天下的刑赏，不是陛下一个人的刑赏，怎能因为您个人的喜怒而独断专行呢？"宋太祖气极了，起身离去，赵普就跟在后面。宋太祖进了皇宫，赵普就站在门口等候。等了很长时间，直等到宋太祖允诺了他才离去。

宋太宗时，赵普再次担任宰相。宋太宗因为听信了弭德超的谗言，怀疑曹彬不遵守法度，要处罚曹彬。赵普知道曹彬冤枉，就为曹彬分辩清楚，并且予以担保，使事情真相大白。宋太宗知道真相后叹息说："我听断不明，几乎误了国家大事。"对待曹彬一如既往。

## 妙语新悟

当然，赵普不是普通人，他做事"和而不同"的出发点是社稷民生。作为普通人，虽然不能有这么崇高的意图，但凡事坚持原则，力避同流合污，还是应该能做到的；否则，一旦流于"同而不合"，那就简直与小人相差无几了。

诤，就是直言规谏，即在朋友之间敢于直陈人过，积极开展批评。奥斯特洛夫斯基说："所谓友谊，首先是诚恳，是批评同志的错误。"交诤友是正确选择朋友的一个重要方面。诤友，像一面镜子，能照出每个人身上的污点。

然而，现实中，人们往往因为"关系"而混淆是非。如朋友之间，出现了意见分歧，即使这种事关乎道义，很多人也选择"打哈哈"糊弄过去，只要自己的利益不受损害，他们是不会抹开面子去为是非争个脸红脖子粗的，这其实正是一种对人对己都不负责的态度，如果因此导致别人或公共利益受损，则难免有同流合污之嫌。这是正人君子所不取的。

第六章 / chapter 6

# 中庸之道论处世：
## 为人中正，灵活应变

正所谓「世事洞察皆学问，人情练达即文章」。孔子处世遵循中庸之道，即「为人中正，灵活应变」。显然，这不是一件容易的事情，因为它包含了很多方面的内容，说实话，即便圣贤如孔子也不能做得面面俱到。不过，只要我们能够恪守做人的准则，并在此基础上灵活地应对这世间的人和事，那么，你的人生就会很成功。

# 中庸处世，恰到好处

子曰："中庸之为德也，其至矣乎！民鲜久矣。"

——《论语·雍也第六》

孔子说："中庸作为一种道德，该是最高尚的了！可惜人们缺少这种道德已经很久了。"

程颐说："做事，不偏不倚叫作中，不改变叫作庸。行中，这是天下的正道；用中道，这是天下的公理。中庸的基本要义，就是不偏不倚，恰到好处。"

中庸的道理讲究不偏不倚，过与不及都是不好的。体现在做事上，则必须做到恰到好处。为人处世、持家治国等人生作为，无不体现了这个道理。

一个人想做到中庸，必须加强品德修养，提高自我调控的能力，使自己的言行、情感、欲望等要适度、恰当，避免"过"与"不及"。

## 案情陈列

张之洞，世人称之为张香帅，河北南皮人，东南大学前身——三江师范学堂的创始人，中国高等师范学堂之鼻祖，中国重工业奠基人。

张之洞为官之时，适逢清流党中的张佩纶、邓承修等人受一系列直谏成功的鼓舞，热血奔涌，愈加大胆。他们纷纷上疏，弹劾一系列贪污受贿或昏庸误政的官员。而张之洞并不欣赏他们的这些做法，他认为一个人如果一味刚直、锋芒毕露、咄咄逼人，不仅容易惹火烧身、招致祸端，而且常常有性命之忧。那种逞血气之勇、图一时痛快的做法，绝非智者所为。身处你死我活、激烈竞争的官场旋涡之中，谁敢说自己能够永远做官场上的不倒翁？

身处其中的真正聪明人，总是善于想方设法保护自己，躲避陷阱，绕开虎口狼窝。尤其是位高权重者，每每成为众矢之的，树大招风，爬得越高，跌下来就越惨，最后落得个身败名裂。所以张之洞遇事总是思前顾后，留有余地，凡事都力争有所回旋。比如他每次上奏进谏，虽然言辞激烈、慷慨激昂，但常常是针对事件有感而发，一般不直接将矛头对准某个人，也就是说他注重就事论事，通过事情论证是非曲直，而不搞人身攻击，即便是因为事件本身不得不触及某人，他也尽量减少对人物的斥贬，而是着重抨击事情的荒谬，这样就给人以光明磊落之感，既避免让局外人误认为是泄私愤，又让对手抓不住任何把柄。因此，张之洞在官场上游刃有余，既善于出击，又巧于自保。

张之洞尽管纵横捭阖，但尽量不得罪他人。慈禧重用张之洞，本有分李鸿章之势的用心，避免李鸿章集大权于一身。张之洞虽然与李鸿章在很多方面意见不一致，如甲午之战时，李鸿章主和，张之洞主战，李鸿章视张之洞为"书生之见"。但张之洞表面上还是表现出对李鸿章的极大推崇，据说当李鸿章七十寿辰时，张之洞为他做寿文，忙活了两天三夜，这期间很少睡觉。琉璃厂书肆将这篇寿文以单行本付刻，一时洛阳纸贵，成为李鸿章所收到的寿文中的压卷之作。张之洞如此处理与李鸿章的关系，显然包含着深刻的外圆意识。

他的外圆谋略还表现在对光绪帝废除与否的问题上。戊戌变法之后，张之洞鉴于西太后的威严，对废除光绪皇帝之事一直不表态，总是含糊其词，既不明说支持，又不明说反对，常常推说这是皇室家事。从他对这件事的态度上，更可看出张之洞的聪明老练、圆滑狡黠。正是因为张之洞做人的成功，他才能在官场上既如鱼得水，又出淤泥而不染，既抓住一切机会让朝廷赏识自己，又运筹帷幄为百姓办实事，成为名震中外的"圣相"、学术界的领袖。

## 妙语新悟

张之洞为官几十载，两袖清风，真正是"出淤泥而不染，濯清涟而不妖"，同时他又纵横捭阖，叱咤风云，在晚清黑暗腐败的官场里入阁拜相，成为一代名臣。张之洞的成功，不仅是源自他的学识，还得益于他中庸的做人之道。

"中庸"强调的就是做事守其"中"，既不左冲右突，又戒参差不齐。其实这种人生哲理，从我们的0细节中即可体察出来。譬如，盐不可吃得太多，亦不可吃得太少，要恰到好处。同理，炒菜不可太生，亦不可太熟。生熟恰到好处，菜才好吃。此恰到好处，即是"中"。又如商人卖东西，要价太贵，则人不买。要价太少，又不能赚钱。必须要价不多不少，恰到好处。此恰到好处，即是"中"。中庸学既讲恰到好处，又讲因时而中。做任何事情，都是这样。

《菜根谭》中说："处治世宜方，处乱世宜圆，处叔季之世当方圆并用。待善人宜宽，待恶人宜严，待庸众之人当宽严互存。"其意为：与不同的人相处，要持有不同的态度，与善良君子交往应宽厚，与邪恶小人相处须严厉，对待平民大众应宽严相济。其根本就在于强调保持中正、灵活变通的处世之道。

其实，这种观点也一直是我国古代文人所奉行的一种处世准则，它对于任何时代的人而言，都是非常值得借鉴的。一个人倘若仅凭一腔热情及赤子之心，却置现实环境于不顾、不知变通地去待人处世，非但抱负无法实现，往往还会为自己招来祸端。

为人处世，无刚不立，但过刚则易折，试问该如何克服这一矛盾呢？很显然，中庸之道就是个不错的选择。也就是说，为人要品性刚正，但又要讲究谋略，柔中有刚，刚柔并济，如此方能有所作为。

# 为人中正，灵活应变

子曰："君子之于天下也，无适也，无莫也，义之与比。"

——《论语·里仁第四》

儒家认为，君子立身处世，应完全依据公道、正义来作为行事的基准，而没有主观的偏执和个人私利的考虑。义当富贵便富贵，义当贫贱则贫贱，义当生则生，义当死则死，义理上要求怎样干就怎样干。但同时也强调在这个框架内，并不拘泥于一定的死规矩。这个观点在今天也是有道理的，而且与我们所倡导的社会文明也是相符的，即做事方法要灵活，但一定要以正确、坚定的原则做保证。这既是正确做人的道理，也是成功做事的途径。

真正有远大志向和做事眼光的人，总是会在某种原则的基础之上，运用灵活机动的方法去行事，这既保证了自己的权威和公信力，又不会把事情弄僵。这种古今相通的正确途径，已被越来越多的人奉为立身处世的方法和准则。我们不妨通过下面这个古时的事例，从中得到点有益的启示。

## 案情陈列

楚庄王得到一匹身材高大、色泽光鲜的骏马，心中高兴得不得了。不想事与愿违，这匹马整天锦衣玉食，患上了"富贵病"，不多日，便一命呜呼了。楚庄王沮丧不已，为了表达对爱马的真情，他决定为马发丧，以大夫之礼下葬。楚庄王的决定一发布，立即遭到众臣的反对，许多忠直之士都以死相谏，但楚庄王主意已定，任谁也无奈他何。正当群臣摇头叹息之际，突然从殿门外传来号啕大哭之声。楚庄王惊问是谁，左右告之是侍臣优孟。楚庄王立即传令优孟进见，问道："爱卿，何事大哭？"

优孟一边擦泪，一边泣诉："堂堂楚邦大国，有何事办不到？有何物得不到？大王将爱马以大夫之礼下葬，非但不过分，而且规格还嫌低。我请大王将爱马以国君之礼葬之，这样诸侯们也会知道大王你重马而轻人，这不是很明智的举动吗？！"

优孟的话音刚落，群臣一片哗然，楚庄王却沉默不语，细细品味优孟话中的真意。良久，他低着头慢慢说道："我欲以大夫之礼下葬，确实太过分，但话已传出，现在又能怎么办？"

优孟一听，马上接口道："我请大王将死马交给厨师，用大鼎烹饪，放上姜、枣、椒等作料，马肉让群臣饱餐一顿，马骨头以六畜之常礼下葬。这样，天下人以及后世就不会笑话您了。"

楚庄王得到了一个台阶下，群臣大吃了一顿马肉，事情也就此了结了。

## 妙语新悟

孟优的做法，从理论上讲完全符合孔子那种"无适也，无莫也"的处世哲学。

优孟侍从楚庄王多年，熟知楚庄王的性情，知道面对此时的楚庄王，忠言直谏、强言硬谏都是行不通的。因此，他在获悉群臣劝谏失败之后，采取一种"正话反说"的策略，先顺着楚庄王之意说下去，自然地露出揶揄、讽刺之意。优孟正是运用"正话反说"的方法，从称赞、礼颂楚庄王的"贵马"精神的后面，烘托出另一相反的却又正是劝谏的真意——讽刺楚庄王"贱人"的昏庸举动，从而把楚庄王逼入死胡同，不得不回头，改变自己的决定。

他心中有是非，又知道强谏无用，是故出此下策。这种既有坚定的原则，又不墨守成规认死理，而是能够根据时、地、条件，决定自己该怎样做才能取得最佳效果的做事方法，是永远不会过时的。几千年前的古人已经能运用自如，作为现代人，既应该接受学习，更应该把它运用到自己的实际生活中去，让自己能够省心省力地做人做事。

很多时候，我们做事的出发点是好的，但行动起来，却又让人难以接受。究其根由，主要是因为我们没有注意到场合、对象，以及行为的刺激性。可见，方法太死，过于尖锐，非但不能达到预期效果，反而可能会令你陷入尴尬境地。因此，在与人交往时，我们不妨多用心，在原则不变的情况下，灵活地做些变通，给彼此一个缓冲的余地，用"技巧"去征服对方，让对方在比较舒坦的氛围中接受你的信息。

# 顺应环境，屈伸自如

　　子谓南容："邦有道不废；邦无道免于刑戮。"以其兄之子妻之。

——《论语·公冶长第五》

孔子夸赞南容："在国家政治清明的时候，他总有官做，不被免职；在国家政治黑暗的时候，他也没有遭受刑罚。"于是，他便将自己哥哥的女儿嫁给了他。

从孔子的这番话中我们可以看出，南容绝对是个聪明人，他懂得随着形势作出改变，在任何环境下都能够保全自己，这一点是很值得我们学习的。

物竞天择，适者生存。在自然界，各种生物互相进行生存斗争，由天（自然）来选择，能适应自然变化者，就能够得以存活，不适应者，就只能走向灭亡！人的一生，亦是如此，都有水涨船高和水落船泊的时候，这不仅跟人自身有关，也是由各种外部因素决定的。因此，是否能够准确把握时机和形势，做出正确判断和决策，对于人的生活、事业，乃至一生的命运，都有至关重要的影响。真正的聪明人总是会让自己去适应这个世界，结果一生顺风顺水。

## 案情陈列

日本三百年德川幕府政权的开创者——德川家康自幼际遇坎坷，年仅6岁时，便被丰臣秀吉抓去当人质。丰臣秀吉交给了德川家康一个非常"艰巨"的任务——每日起床以后，先将丰臣秀吉的鞋放在怀中暖热，然后再亲自给丰臣秀吉穿上，这种工作德川家康一做就是7年。

13岁时，丰臣秀吉大发善心，告诉德川家康："你可以回去了。"于是，德川家康才得以恢复自由，结束做人质的屈辱生活。但丰臣秀吉并没有就此放过他，他派人监视德川家康，看看他在获释后到底做些什么。

走出丰臣府，德川家康一直没有回头，默默地消失在路口。

回到家以后，他就像什么也没有发生过一样，并不急于囤积力量，聚兵复仇，而是过着非常有规律的生活。得到这一消息以后，丰臣秀吉放心了，也就再没有为难德川家康。

若干年后，丰臣秀吉归天，德川家康得知以后，立即集结军队，杀入大阪城，铲除了整个丰臣家族，并最终在73岁高龄时，彻底统一了日本。

## 妙语新悟

人生都有低谷和高潮，有心智的人，适逢难事，一定会最大限度地弯下身保护自己；当机遇来临，他们又会最大限度地伸展自己，将自身的才能与智慧挥洒得淋漓尽致。其实隐忍并不意味着屈服，更不是丧失人格。必要之时，唯有懂得委屈自己，以大局为重，日后才能涅槃重生，大展宏图。

如孔子所说，"有道"或"无道"，都是一种世道，同时也是人所处的大环境。对于一般人，外界大的动荡往往会对他造成伤害，但倘若能认清局势变化加以利用，就能够像玩冲浪的人那样，随波起伏而不伤毫毛，并且"尽兴"地大获其利。

所以说，环境不好没关系，事情太琐碎也没关系，只要你沉得住气，那么你的等待和积累必然会有所回报的。

# 不求人知，但求知人

子曰："不患人之不己知，患不知人也。"

——《论语·学而第一》

俗话说："君子之才，玉韫珠藏。"有才固然是好事，但不要因为自己有才就到处招摇。求人知本不为过，但若过分执着于此则不可取。其实，让别人太过了解自己，未必就是一件好事，如此一来，你的性格、你的弱点都会暴露在别人面前，倘若有人心存不良，"对症下药"，你岂不是毫无还手之力？

只可惜，生活中有很多人，总是担心自己的才华不为人知，悄无声息地被埋没了，甚至怨恨没有慧眼识己的伯乐。其实，这些担心不仅多余，而且从根本上证明这种人实际上并不怎么样。真正要紧的问题，并不在于人知，而在于知人。如果我们不在知人上下功夫，而一味地追求人知，则会贤愚不辨，是非混淆；交友不能亲贤远佞，用人则不能取良避奸。而这往往会在关键时刻对一个人的生活和事业产生重大深远的影响，尤其是当不了解别人的喜恶、所欲，而仍一味按自己的那一套去做事的时候，更是无异于冒险。三国时杨修的命运就说明了这一点。

## 案情陈列

杨修，少有才名，他"才思敏捷，聪颖过人，才华、学识莫不出众"。

曹操爱其有才，留于身边做行军主簿。但杨修这人极爱显摆，唯恐别人不知道自己的能耐，总是想方设法显露一下自己的才华。

一次，工匠建造相府里的一座花园，才造好大门的构架，曹操便前来察看，他一句话不说，只提笔在门上写了一个"活"字就走了。手下人都不解其意，杨修说："'门'内添'活'字，乃'阔'字也。丞相嫌园门阔耳。"于是再筑围墙，改造完毕又请曹操前往观看。曹操大喜，问是谁解此意，左右回答是杨修。曹操嘴上虽赞美几句，心里却很不舒服。

又有一次，塞北送来一盒酥，曹操在盒子上写了"一盒酥"三字。正巧杨修进来，看了盒子上的字，竟不待曹操说话自取来汤匙与众人分而食之。曹操问是何故，杨修说："盒上明书一人一口酥，岂敢违丞相之命乎？"曹操听了，虽然面带笑容，可心里十分厌恶。

又有一次，曹操试探曹丕、曹植才干，让二人出邺城的城门，却又暗地里告诉门官不要放他们出去。曹丕第一个碰了钉子，只好乖乖回去。曹植闻知后，又向他的智囊杨修问计，杨修很干脆地告诉他："你是奉魏王之命出城的，谁敢拦阻，杀掉就行了。"曹植领计而去，果然杀了门官，走出城去。曹操知道以后，先是惊奇，后来得知事情真相，愈加气恼。

曹操性格多疑，生怕有人暗中谋害自己，谎称自己在梦中好杀人，告诫侍从在他睡着时切勿靠近他，并因此而故意杀死了一个替他拾被子的侍从。可是当埋葬这个侍者时，杨修喟然叹道："丞相非在梦中，君乃在梦中耳！"曹操听了之后，心里愈加厌恶杨修，于是开始找碴子要除掉这个不知趣的人了。

　　不久，机会终于来了！建安二十四年（公元219年），刘备进军定军山，老将黄忠斩杀了曹操的亲信大将夏侯渊，曹操亲率大军迎战刘备于汉中。谁知战事进展很不顺利，双方在汉水一带形成对峙状态，使曹操进退两难，要前进害怕刘备，要撤退又怕遭人耻笑。一天晚上，心情烦闷的曹操正在大帐内想心事，此时恰逢厨子端来一碗鸡汤，曹操见碗中有根鸡肋，心中感慨万千。这时夏侯惇入账内禀请夜间号令，曹操随口说道："鸡肋！鸡肋！"于是人们便把这句话当做号令传了出去。行军主簿杨修即叫随军收拾行装，准备归程。夏侯惇见了便惊恐万分，把杨修叫到帐内询问详情。杨修解释道："鸡肋鸡肋，弃之可惜，食之无味。今进不能胜，退恐人笑，在此何益？来日魏王必班师矣。"夏侯惇听了非常佩服他说的话，营中各位将士便都打点起行装。曹操得知这种情况，差点气坏心肝肺，大怒道："匹夫怎敢造谣乱我军心！"于是，喝令刀斧手，将杨修推出斩首，并把首级挂在辕门之外，以为不听军令者戒。

## 妙语新悟

　　世人多骂曹操忌才，说杨修死得冤枉。其实，杨修死得一点也不冤，他得到这样的下场，完全是自作自受。他本是一个聪明人，为什么连这么简单的人情世故都看不透呢？说到底还是虚荣心在作祟。

　　"不患不知人，患人不知己"几乎是人们的通病，古往今来大抵一样。一个人一旦自认为有水平，往往就会不把了解别人作为自己为人处世的必要条件了。而这往往会产生出人意料的严重后果。

　　由此可见，在一定程度上，了解别人比让别人了解自己更重要。往小里说，关乎个人的安危荣辱；往大里说，关乎国家的乱治兴亡。孔子本人虽然大半生都在渴望别人了解并重用他，但首先，他是以知人为前提的。这是一种智者的见识，也是一种智者的活法。

做人，还是低调一点好，切不要锋芒毕露。要知道，锋芒在彰显你个人才华的同时，很容易刺伤身边的人，燃起他们的忌妒心理，这岂不是自找苦吃？会为人者，应懂得锋芒内敛，韬光养晦，以免成为别人的眼中刺、肉中钉。

# 厚责于己，薄责于人

子曰："躬自厚而薄责于人，则远怨矣。"

——《论语·卫灵公第十五》

孔子这句话的意思是，一个人如果能够自我反省，责备自己多，而埋怨人的少，内心的怨恨自然就少了。通读《论语》你会发现，躬自深省是孔子一贯坚持的观点，当然，亦主要是古今仁人志士自我修养的一种重要方法。

古训有云：严以律己，宽以待人。严以律己，可以不断提高自己的修养水平；宽以待人，则不但可以赢得尊敬和友谊，还能尽量不得罪人，不为将来埋下隐患。凡事多为别人设身处地地想一想，从而不对犯了可原谅的错的人刻薄责备，既能使对方知错而改，又会对你心怀感激。这实在是一种为人处世的大智慧。

## 案情陈列

建安三年，曹操率兵东征。一路上，旌旗招展，刀枪林立，浩浩荡荡的大军有条不紊地行进着。

此时正是五月，麦子覆垅的收割季节。由于连年战火，许多田地都荒芜了。随着一阵轻风，飘来了一股股新麦的清香。原来，在队伍的前面出现了一大片黄澄澄的麦地。农夫们正在挥镰担担，忙着收割。

曹操传令："凡是踩踏麦田者，罪当斩首！"传令兵立即将曹操的命令传达三军。

全军上下，人人都小心翼翼起来，因为他们深知曹操的为人，不要因为踏一撮麦子而丢了身家性命。所以，士兵们行走时，都离麦田远远的，骑兵害怕马一时失蹄狂奔乱蹿，也就纷纷下马，用手牵着马走。队伍在麦田边缓缓地向前移动着。

事情往往就是这样凑巧，"嗖"的一声，一只野兔从麦田里蹿了出来，穿过路面，溜到了另一块田里。这野兔刚好在曹操及另外两名军官的马前穿过，把三匹高头大马吓了一跳。由于另外两个将军都是下马牵着马缰绳行走的，所以马只是小惊了一下，就给稳住了。曹操此时正坐在马上得意，他的马匹给这一惊，犹如脱了缰的野马，一下子蹿进麦田几丈远，差点没把曹操给摔下马来。等到曹操回过神来勒缰绳时，一大片庄稼已给踩坏了。吓得那些在田间的农夫们也赶忙躲避，害怕被惊马踩死。

面对眼前这一意外突发事件，大家都惊呆了。曹操命令说："我定的军规，我自己违犯了，请主簿（秘书）给我定罪吧！"

主簿在听了曹操的令后，忙对曹操又像是对大家说："依照《春秋》之义，为尊者讳，法不加重。将军不必介意此等小事。"旁边的一些军士也跟着附和道："主簿说得对。将军，还是带我们赶快上路吧！"

曹操听了，一本正经地说："军令是我制定的，怎么能被我自己破坏呢？"接着，又像是自言自语地感叹道，"唉，谁让我是主帅呢！我一死，也就没人带你们去打仗了，皇上那里也交不了差呀！"众人忙说："是呀，是呀，请将军以社稷为重。"

曹操见大家已经彻底地倒向他了，稍稍顿了顿又继续说："这样吧，我割下自己的一撮头发来代替我的头颅吧！"

于是，拔剑割下一缕头发，交给传令兵告示三军。

建安五年，曹操与实力最强大的北方军阀袁绍相拒于官渡，袁绍拥众十万，兵精粮足，而曹操的兵力只及袁绍的十分之一，又缺粮，明显处于劣势。当时很多人都以为曹操这一次必败无疑了。曹操的部将以及留守在后方根据地许都的好多大臣，都纷纷暗中给袁绍写信，准备一旦曹操失败便归顺袁绍。

相拒半年多以后，曹操采纳了谋士许攸的奇计，袭击袁绍的粮仓，一举扭转了战局，打败了袁绍。曹操在清理从袁绍军营中收缴来的文书材料时，发现了自己部下的那些信件。他连看也不看，命令立即全部烧掉，并说："战事初起之时，袁绍兵精粮足，我自己都担心能不能自保，何况其他的人！"

这么一来，那些动过二心的人便全部都放了心，对稳定大局起了很好的作用。

## 妙语新悟

在一个团队中，领导者的行为是下属们的榜样。制度作为大家共同遵守的准则，对领导者的要求远胜他人。领导者只有在制度下身体力行，以身作则，才能维护自己在下属心目中的威信，才能让下属自觉地遵守制度。曹操的做法很值得称赞，他以发代首，维护了军令，保住了威严；焚烧信件，大得人心。这便是对严以律己、宽以待人很好的一种诠释。

宽与严两个看似矛盾的字眼其实完全可以在一个人身上得到完美的结合。我们不妨效仿曹操，对自己严厉一点，常审视自己的缺点，及时改正，那么我们做人的修养自然会得到迅速提升；对别人宽容一点，多去看看他人的长处，宽厚对人，我们的心态自然就会平和很多。

其实在许多人眼里，成功人士都具有某种他人所没有的特质。在此特质中，最重要的一点就是"自我要求"。你是否对自己的要求远甚于他人呢？偶尔，你会站在客观的立场，为对方设身处地地想想吗？这种态度与涵养是我们行走世间所必备的。

# 讷言敏行，取容于世

子曰："君子欲讷于言而敏于行。"

——《论语·里仁第四》

藏拙是安身立命之根本，可以让人在卑微处安贫乐道，可以让人在显赫时持盈若亏。藏拙者是人中的智者，是一种姿态上的低调，无论何时何地，他们都可以屈伸自如，攻守有度。

孔子说："君子要言语谨慎。"一个人有才华而不外露是难能可贵的，大智若愚更是难上加难。就好像是一口古井，表面上看起来是一潭死水，没有风来，它是起不了波澜的。可是有一天，当我们渴了，需要喝水，站在那儿掬水喝的时候才会惊异地发现：这古井竟是那么深不可测，掬上来的水竟是那么清澈，而井水的味道，竟又是如此甘甜。

## 案情陈列

石奋15岁时，做到了一个小官，侍候高祖。高祖和他谈话的时候，没有发现他有什么突出的地方，只是说话恭敬，问他说："你家里还有什么人？"石奋回答说："我只有母亲，不幸失明。家里贫穷，还有一个姐姐。"高祖说："你能跟随我吗？"他说："愿意尽力效劳。"于是高祖召他姐姐来封为美人，让石奋任中涓，并且把他家迁到长安城里的中戚里。高祖这样看得起他，都是因为他姐姐做了美人的缘故。他做官靠积累功劳当上了大中大夫。石奋为人没有文才学问，对谁都是恭敬有加，礼仪待人。到孝景帝即位时，石奋的长子石建、二子石甲、三子石乙、四子石庆，都因为品行优良、善良孝敬、办事谨严，做官做到了二千石。于是景帝说："石君和四个儿子都是二千石官员，作为臣子的尊贵荣宠竟然集中在他一家。"称呼石奋为万石君。

万石君年老回家时，每年参加朝会的时候，经过皇宫的门楼，一定下车快步走，恭恭敬敬地拜上大礼。看见皇帝的车驾，一定跪下按着车前横木表示敬意。他的后代也都做官，当他们回家时，万石君一定穿着朝服来接见，而不呼其名字。皇上时常给他家赏赐食物，他一定跪下叩拜俯伏着吃，尊敬的程度好像就在皇上眼前。他的子孙也都遵循他的教导，也和他一样。万石君一家凭着孝敬谨严而闻名于各郡与各国，即使齐、鲁那些家世显赫，而且家法严明的官宦也都很佩服他。

石奋长子石建官拜郎中令，小儿子石庆任内史。有时石建有事向皇帝说，都是在没有外人的情况下，畅所欲言，说得恳切，但到了上朝的时候，就好像不会说话一样，因此连皇帝也尊重他。有一次，他上书奏事，奏章经皇帝阅后发回，石建读它时说："写错了，'马'字下面脚连尾应该五笔，如今只有四笔，少一笔，皇帝会谴责我，我活不成了。"他的谨慎，即使是在别的小事也这样。有一次小儿子石庆喝醉了，回家的时候，进入外门没有下车。万石君听说了，又害怕，又生气，不吃饭。石庆开始害怕，负荆请罪，没有得到父亲的宽恕。全族的人和哥哥石建都去脱衣露体请罪，万石君责备说："内史是显贵的人，进入乡里，乡里的长辈都走开回避，而内史坐车中很自在，正是理所当然！"于是让石庆走开。石庆任太仆时，有一次为皇帝驾车，皇上问驾车的马有几匹，石庆不敢大意，用鞭子一匹一匹地把马数完，举起手说："六匹马。"石庆在儿子中是最马虎的了，尚且这般谨慎。他任齐国相，全齐国的人都知道他的德行好，因此很仰慕他。虽然他在任期内没有什么突出成绩，但齐国因他的感化而很太平，因此，齐国给石庆建立生祠。

## 妙语新悟

言语谨慎却勤于行动的君子就好像是一口古井，他们并没有华丽的言辞、招摇的行动，但却是在实实在在地做事。石奋一生唯"谨慎"，所以他没有什么错误，他一生的智慧也全在此两字中。

然而，风大的时候不一定就凉快，没有风的时候也不一定热，最重要的是气温；能说善道的人不一定学识渊博，沉默寡言的人也不一定贫乏，最重要的还是一个人的学问。

"志当高远，事当谨慎"，这可以说是历史上的做人原则。所谓"立身"，就包括树立自己的名声，明确自己的做人原则，建立自己拥有代表性的业绩。而在做这些事情的时候，会遇到很多困难，并且会有许多潜在的危机，所以一定要做到谨慎。

君子立身处世，贫贱不能移，威武不能屈，富贵不能淫。这是封建社会中理想的做人准则。但是，这并不是每个人都可以做到的，更有甚者，贵而忘贱，得志便猖狂，恣意妄为，最后落得一个身败名裂的悲剧。

谨言慎行，取容当世，这不仅是一种作为人的文明表现，更是一种做人做事的智慧和策略。任何想要在生活中站得牢固，并且想拥有自己一片天地的人，都应该也必须做到这一点。

# 第七章 / chapter 7

## 深谋远虑谈管理：为政以德，譬如北辰

大千世界，人之一物，最是难管。管人，关键是管理者的态度和德馨，讲究的是策略和手段，强调的是细节和效果。管理者需要坐正自身、厚德载物，需要深谋远虑、运筹帷幄，让局面尽在掌握之中，只有如此，方能控制好管人的节奏，让管理走上顺风路。

# 为政以德，譬如北辰

子曰："为政以德，譬如北辰，居其所而众星共之。"

——《论语·为政第二》

孔子说："国君用品德教化来治理国家，他就会像北斗星那样，泰然处在自己的位置上，使群星环绕着他。"孔子在这里强调的是管理者的个人修养问题。他将管理者的道德及其仁道政治，与政局的稳定和国家的强盛紧密联系在一起，说明了"德"与"仁"强大的感召力和凝聚力。

其实，无论是治国，还是做人做事，高尚的道德品质和非凡的人格魅力都会形成一种像磁场那样的向心力，提升自己的"人气"。周围的人在不自觉中，都会把你当成"精神领袖"和衡量是非价值的"标准"。

## 案情陈列

1860年，林肯作为美国共和党候选人参加总统竞选，他的竞争对手是大富翁道格拉斯。

当时，道格拉斯租用了一辆豪华富丽的竞选列车，车后安放了一门礼炮，每到一站，就鸣炮 30 响，加上乐队奏乐，气派不凡，声势很大。道格拉斯得意扬扬地对大家说："我要让林肯这个乡下佬闻闻我的贵族气味。"

林肯面对这种情形，一点也不泄气，他照样买票乘车，每到一站，就登上朋友们为他准备的耕田用的马拉车，发表了这样的竞选演说："有许多人写信问我有多少财产，其实我只有 1 个妻子和 3 个儿子，不过他们都是无价之宝。此外，我还租有一个办公室，室内有办公桌 1 张、椅子 3 把，墙角还有一个大书架，书架上的书值得我们每个人一读。我自己既穷又瘦，脸也很长，又不会发福，我实在没有什么可以依靠的，唯一可以信赖的就是你们。"

选举结果大出道格拉斯所料，竟然是林肯获胜，当选为美国总统。

林肯一向待人以宽。一次，他下令调动某部队作战，可是战争部部长史丹顿却竭力反对。不仅如此，他还破口大骂："这如果是总统的命令，那他就是一个应该枪毙的蠢人！"

此话迅速传到林肯耳中，大家都以为林肯必定会勃然大怒，未承想林肯只是平静地说："史丹顿很少出错，我应该向他请教一下。"

林肯来到战争部，史丹顿当面指出了他的错误。林肯沉思片刻，在众目睽睽之下收回了成命。

有人曾对林肯说："您不该和那些反对者交朋友，而应该将其消灭！"林肯微笑回道："我将他们变成我的朋友，不正是在消灭敌人吗？"

## 妙语新悟

　　林肯是公认的世界历史中最伟大的人物之一，当然，也是美国历史上最受国民尊敬的总统之一，他在世人的心目中能有如此高大的地位，不是因为权力、不是因为强势，恰恰是因为他的正直、仁慈和坚韧。

　　孔子认为，包括为政者在内的每一个人都应该修养身心，养成高尚的品德，让自己能够焕发出人性的光彩，形成强大的感召力。而这种感召力不仅仅是有益于国家的，有益于民众的，更是有益于个人的，而这种感召力也能够传承世代，成为后世效法的楷模。

　　当我们客观而公正地学习孔子的儒学精神，就会发现孔子是以"贬天子，退诸侯，讨大夫"，简单来说，就是"讥世卿"为己任的，对为政者提出了"为政以德"的标准要求。

　　如果我们抛却成见来看孔子的德政观点：为政者要求自己以德，民众约束为政者以法，这不正是我们中华民族千百年来所追求的目标吗？

　　可见，为政以德，并不意味着排斥法律，更谈不上人治。而法律是外在的约束，道德则是内在的约束，唯有内外相合，才是真正客观的思想态度。

　　法是一个大框子，德是全身心的。打个比方讲，如果做领导的门难进、脸难看，对群众的呼声更是充耳不闻，根本不关心民生的疾苦，这样的领导到底犯了什么法呢？法律在这种官僚主义的面前可以说是派不上用场的，而只有用比法律更加细化的品德来约束这样的领导者，才会起到真正的作用。

# 道之以德，齐之以礼

子曰："道之以政，齐之以刑，民免而无耻。道之以德，齐之以礼，有耻且格。"

——《论语·为政第二》

孔子认为："用行政命令来治理百姓，用刑法来制约百姓，老百姓只是勉强克制自己避免犯罪，却认识不到犯罪是可耻的事情；用德来治理百姓，用礼来约束百姓，老百姓就知道做坏事可耻而且能自觉不去犯罪。"

在当时奴隶制的野蛮情况尚存在的情况下，孔子能说出这样的见解，不但显示了他对于德、礼重要性的充分认识，而且表现了他对"治国之道"的精通。事实上，人心的"规律"确实如此，强制只会引起表面的恭顺，暗中却积聚逆反情绪；而用积极的教化疏导手段，则会激起其自身内在的"自治"因素，从而使民心净化，天下安稳。

## 案情陈列

古时候，东海郯县有位于公，是西汉丞相于定国的父亲，曾做过县衙狱吏、郡决曹。他精通法律，治狱勤谨，以善于决狱而成名，无论大小案件，他都详细查访，认真审理，故"每决而无恨"。

据说，有一年除夕，于公看到囚犯们都在愁眉苦脸、唉声叹气，心中猜到他们是因为不能与家人团聚而郁郁不乐。于是，他冒着"私放囚犯者斩"的风险，放犯人们回家过年。他对众囚犯说道："岁尽腊除，谁无父母子女，谁不盼着与家人团聚，我今天与你们约定，大年三十放你们回家，新年过后，初三回来，不准逾期，如逾期不归或私自逃走，当加倍治罪。"

犯人听后，无不欢喜、感动。正月初三，犯人们果然全部归来。

## 妙语新悟

宽法度、重礼仪、教臣民、安民心等，这些符合儒家思想的为政措施，只要能够真正落实到施政方针中去，而不拿它来做幌子，可以说，基本上都能取得卓有成效的结果。于公以德治狱的故事，就很好地说明了这一点。

遗憾的是，现实生活中，一些管理者信奉"以力服天下"，简单地认为权力就是一切，就像狮群、狼群一样，只要拥有绝对权力就可以支配一切。这种管理理念显然是大错特错的，人类倘若真的单纯以暴力服天下，恐怕至今仍不能离开动物而真正成为人。

毋庸置疑，对于一个团体的最佳组织手段是精神力量。当然，"力治"也是常有的、是难以避免的，但归根结底，真正使人类组成大规模、有秩序群体的，绝不是武力而是智力。

以武力去征服人，对方不会被彻底征服；用精神力量去征服人，往往能够令人心悦诚服。儒家所倡导的"以德服天下"，无疑具有非常大的魅力，它远比单纯用武力去征服天下更能俘获人心，更能令人无条件服从。这无疑是一种为人处世的大智慧，深刻领会其实质要领且加以灵活运用，将会使人在生活事业中受益颇多。

# 使人以礼，人报以忠

定公问："君使臣，臣事君，如之何？"孔子对曰："君使臣以礼，臣事君以忠。"

——《论语·八佾第三》

怎样处理上下级关系，这自古以来就是一个令人头疼的问题。于是，鲁定公问孔子："国君使用臣子，臣子侍奉国君，各应该怎样去做呢？"孔子是这样回答他的——"国君使用臣子应该按照礼节，臣子侍奉国君应该忠心耿耿。"

孔子的解答方案，是要求双方都要有自律精神，这种"礼"和"忠"的双向伦理关系，对于我们今天的生活依然有重要的启发。我们常听到一些人抱怨别人"不够意思"，其实他首先应当考虑一下自己是否做到了能够换取对方"够意思"的礼节；同样地，反过来也应当如此。俗话说以心换心，即使是上下级关系，也要"使人以礼"，因为只有这样，才能换来对方的忠诚效劳。

**案情陈列**

日本企业的很多管理者都十分重视"使人以礼"。

20世纪50年代末，八佰伴拟贷款2000万日元为员工盖宿舍楼，银行以员工建房不能创效益为由一口回绝。

但是和田夫妇以爱护员工、员工才能努力为八佰伴创利的理由说服银行，终于建起了当时日本第一流的员工宿舍。

那些远离父母过集体生活的单身员工，吃饭爱凑合，和田加津总像慈母一样，每周亲自制定菜谱，为员工做出香喷可口的饭菜。

在婚姻上，她也像关心自己的孩子一样关心他们。她先后为97名员工做媒，其中有一大半双职工都是八佰伴员工。

5月份第二个周日是"母亲节"，和田加津想：远离父母、生活在员工宿舍的年轻人，夜里一个人钻进被窝时，一定十分怀念、留恋父母。于是，她专门为单身员工的父母准备了鸳鸯筷和装筷匣。当员工家长在"母亲节"收到孩子寄来的礼物后，不仅给他们的孩子，也给公司发信感谢。一些员工边哭边说："父母高兴极了！我知道了，孝敬父母，父母虽然高兴，但是只有让父母高兴，做子女的才最高兴。"

为了加强对员工的教育，除每天班前会之外，每月还定时进行一次实务教育。实务教育中的精神教育包括创业精神、忠孝精神、奉献精神等。和田加津清楚孝敬父母是与别人和睦相处的基础，把对父母的诚心变成服从上司的领导。正因为能孝敬父母，所以能尊敬上司。所以她总是教育员工要尊重、热爱自己的父母。

日本三多利公司董事长岛井信治郎对员工要求十分严格，部下们都十分敬畏他，但私下里他对部下的呵护，却像一个充满慈爱的父亲一样。有一次，岛井无意中听到店员抱怨说："我们的房间里有臭虫，害得我们睡不好觉！"于是夜半时分，店里员工都睡着后，他悄悄地拿着蜡烛，从房间柱子的裂缝里以及柜子间的空隙中抓臭虫。公司一名员工的父亲去世，他带着公司同人前去致意，并亲自在签到处向前来拜祭的人一一磕头。事后这名员工回忆说："当时我感动不已，从那时起我就下定了决心，为了老板，即使牺牲性命也在所不惜。"

## 妙语新悟

从上述案例中我们可以看出，这种双向互动在人际关系中是多么重要。事实上，如果管理者过于冷漠，就极有可能令下属寒心而丧失工作热情，那样，也不可能共同创造出令双方都满意的业绩来。

从细微处入手，以礼驭下，既方便又有效，还可以体现出管理者对于下属的关心。实际上，真正能够取得重大突破、做出非凡业绩的下属，毕竟只是属于少数。而且，即使对这些少数而言，他们也不是总能够做到这一点的。更普遍的情况是，大家每天都在那里默默无闻地工作，而这种工作汇合起来后，便共同成就了管理者的事业。

因此，管理者要注意从细微处着手，多关心、爱护、体贴、理解下属的每一项工作、每一点小小的进步。这样做，是加深管理者与下属之间心理联络的有效途径。比如，下属满怀心事，未必是因为工作不如意或身体不适，有可能是被外在因素影响的。例如至亲的病故、家庭纠纷、经济陷于困境、爱情问题等，都会使一个人的心情波动。作为管理者，应予以体谅，并就下属某方面的良好表现加以赞赏，使他觉得自己的遭遇并非那么糟。

所以，凡是卓越的管理者，都是善于以礼用人，使下属感到自己受到了上级的重视与关爱，感受到心灵的温暖，因而愿意踏实工作、尽己所能，充分发挥自己的潜在力量。

# 选贤举能，任人唯贤

哀公问曰："何为则民服？"孔子对曰："举直错诸枉，则民服；举枉错诸直，则民不服。"

——《论语·为政第二》

鲁哀公问道："怎样做事才能使百姓服从呢？"孔子答道："把正直的人提拔出来，放在邪曲狂妄的人位置之上，百姓就服从了；若是把邪曲狂妄的人提拔出来，放在正直的人位置之上，百姓就会不服从。"

喜欢正直的人，憎恶奸邪的人，是人情所向。"选贤任能"、"任人唯贤"，并放对位置，无论是一国之君还是具体单位的领导者、管理者，似乎个个都明白，但经验告诉我们，一个人到了那个权位的时候，实行起来却难讲了。

所以，管理者必须有明辨是非的眼光和正直无私的心怀。否则，一旦出现"亲小人远贤者"的情形，不但会使局势危险，也会陷人民群众于苦难之中。

## 案情陈列

唐玄宗李隆基初登大宝之时，曾励精图治，他严格遵守太宗皇帝李世民"去奢省费，轻徭薄赋，选用廉吏，使民衣食有余"的定国之策。在用人这个关键问题上，他亦是将"用廉不用贪，选用德才兼备者而以德为先"作为唯一标准。这种情况下，他先后选拔出姚崇、张说、张九龄等一班德才兼备之人为宰辅大臣。然后以他为主，以这几位大臣为辅，严格考核文武官员及地方官吏，大整吏治，绝不马虎。

一次，他将吏部刚刚选定的数十个县郡官吏全部召进宫中，当面考核，并当场筛掉四十余名不合格者，就连负责选吏的两位吏部大员也受到严厉处分，被贬职外调。

另外，李隆基对于官员贪腐也深恶痛绝，一经发现，绝不姑息，即便是心腹重臣也不例外。宰相姚崇在拥立和辅助玄宗方面厥功至伟，为官又极其清廉，李隆基对他甚为信任倚重。但姚崇晚年对于两个儿子有些放任自流，他的儿子在社会上交了很多朋友，收了很多赠礼，而姚崇又为一个因受贿获罪的下属说情，于是李隆基便准许姚崇辞去宰相之职，并对受贿者严罚不误。

正是由于李隆基善于选人用人，又能以身作则，励精图治，于是创造出一个空前繁荣、安定的盛世，中国亦成为世界上首屈一指的大国。

然而，晚年的李隆基却越发昏庸起来。他专宠杨贵妃，任人唯亲，口蜜腹剑的李林甫和市井屠夫杨国忠先后为相，二人结党营私，贪赃枉法、陷害忠良，弄得朝堂之上乌烟瘴气。他远君子而亲小人，于是小人纷纷登场，酷吏吉温与李林甫、高力士、杨国忠、安禄山相勾结，坏事干尽，而他却置若罔闻。敛财高手王珙之流大肆搜刮民脂民膏供玄宗挥霍，因而官运亨通，身兼二十余职……

他重用安禄山，不设防范，终于爆发了安史之乱。李隆基逃离都城长安，向四川境内奔去，行至马嵬坡，三军不前，极力要求处死祸国殃民的佞臣杨国忠，李隆基没有办法，于是杨国忠被乱刀砍死，但三军仍不前行，要求处死杨贵妃。李隆基纵有千般不舍，也只能忍痛割爱，赐杨贵妃自缢而死。强盛的大唐王朝经历这一暴乱以后，由盛至衰，从此一蹶不振。

## 妙语新悟

毋庸置疑，人才才是企业生存的根本，而管理的关键也就在于怎样去用人。倘若管理者手下有人、善用人、能够用对人，那么企业也就有了一切；若管理者不会用人，甚至将奸佞之徒放在了重要的位置上，那么企业就会失去很多利益。关于这一点，唐玄宗李隆基已经为我们做了一个很好的教材。

是否爱惜人才、重用人才，是衡量一个管理者是否具有基本管理素养的重要标准。而这一点，往往通过管理者身边之人就可以看出来。因为，管理者"用一个好人，别的好人就都来了；用一个坏人，别的坏人也跟着来了（唐太宗李世民语）"，所以，一个优秀的管理者必是"亲君子远小人"的。

管理者只有做到任人唯贤，唯才是举，才能充分调动下属的积极性，激发下属的才能，团队上下才能齐心协力，去创造辉煌。

# 端正自身，做好表率

子曰："其身正，不令而行；其身不正，虽令不从。"

——《论语·子路第十三》

"政"者，"正"也。倘若管理者自己不能端正行为作出榜样，那么他的所谓"命令"就没有人会放在眼里。反之，作为一个领导、一个管理者，自己品德端正，率先垂范，自然也就成了引导群众、教育群众、改良社会风气等方面带有根本性的治政手段了。即使作为一个普通人，品行端正的效果也是很明显的，它能使一个人在某个群体中自然而然地树立威信。一个二流子式的人，是不会在人群中拥有"话分"的。

就像孔子所说的那样："本身品行端正，就是不发命令，人们也会按要求去做；本身品行不正，即使发布命令，人们也不会听从。"

中国自古以来就有"强将手下无弱兵"之说，管理者在员工的心目中就是他们的"领头羊"，就是他们的榜样。同样，"兵熊熊一个，将熊熊一窝"，管理者本身无能，下属也不会厉害到哪儿去。

作为管理者，必须取得员工的信赖和认可，好的管理者要求下属和员工做的事情，自己都首先做到。

## 案情陈列

春秋时期，晋国有一个叫李离的狱官。在一次断案中，由于偏信了下属的一面之词，他将案子错判，致使一个人冤死。当事情水落石出以后，李离愧疚不已，准备以死谢罪。

晋文公不忍，于是劝阻道："官有贵贱，罚有轻重，更何况造成此案错判，主要是下面的工作人员办事不力，又不是你的罪过。"

李离回答说："平时，我并没有说要与下面的人一起来当这个官，我所领的俸禄也没有与下面的人一起分享。现在犯了错误，又怎么能将责任推到下面的办事人员身上？这样的事情，我做不出来。"于是，他不顾晋文公的劝说，伏剑而死。

## 妙语新悟

正所谓"做事先做人，正人先正己"。管理者若想组建一支高效率、高素质的团队，就必须做到以身作则。须知，表率的影响力是足以令人震惊的，一个合格的领导者，不仅要像李离那样勇于为下属承担责任，更要严格要求自己，事事为先。管理者一旦通过表率作用，在下属心中树立起足够的威望，势必会上下一心，从而大幅度提升团队的整体战斗力。

一位榜样就是一面旗帜。弘扬榜样精神，用榜样或劳模的精神带动员工，形成向心力、凝聚力，是促进企业发展的根本保证。作为劳模或者榜样仅仅自己带头干还不行，还要发动员工一起干。"一花独放不是春，万紫千红春满园"。榜样还要用自己的言行影响和带动大家。要使榜样能真正起到激励先进、鞭策后进、营造争先创优氛围的作用。

孔子所认为的为政者的"修养"，虽难免包含着特定的历史内容，但就为政者、领导人而言，强调通过提高自身素质以取得良好政绩，则不失为一条带有"永恒"借鉴意义的好原则。

# 不辞劳苦，冲锋在前

子路问政。子曰："先之，劳之。"请益。曰："无倦。"

——《论语·子路第十三》

子路问怎样为政。孔子说："什么事都干在前面，然后带动老百姓去勤奋劳动。"子路请老师再多讲一点。孔子说："永远不要懈怠。"

管理之道，在于以身作则，身教重于言教。同样，无论做任何群体性事情，相信只要自己带头做在前面，那么大家就会和你同甘共苦，付出劳苦也心甘情愿。时时处处，做在前头，身先士卒，办事充满活力，不辞劳苦，要是果真这样了，就不怕大家不拥护你，就不用担心事情做不好。

事实上，古今中外很多出色的领导者都深谙其中的道理，他们总是"先之劳之"，"居之无倦，行之以忠"。

## 案情陈列

有一次，东芝公司的董事长土光敏夫听业务员反映，公司有一笔生意怎么也做不成，主要是因为买方的课长经常外出，多次登门拜访他都扑了空。土光敏夫听了情况后，沉思了一会儿，然后说："啊！请不要泄气，待我上门试试。"

业务员听到董事长要"御驾亲征"，不觉吃了一惊。一是担心董事长不相信自己的真实反映；二是担心董事长亲自上门推销，万一又碰不上那企业的课长，岂不是太丢一家大企业董事长的脸！那业务员越想越怕，急忙劝说："董事长，不必您亲自为这些具体小事操心，我多跑几趟总会碰上那位课长的。"

业务员没有理解董事长的想法。土光敏夫第二天真的亲自来到那位课长的办公室，但仍没有见到课长。事实上，这是土光敏夫预料中之事。他没有因此而告辞，而是坐在那里等候，等了老半天，那位课长回来了。当他看了土光敏夫的名片后，慌忙说："对不起，对不起，让您久候了。"土光敏夫毫无不悦之色，相反微笑说："贵公司生意兴隆，我应该等候。"

那位课长明知自己企业的交易额不算多，只不过几十万日元，而堂堂的东芝公司董事长亲自上门进行洽谈，觉得赏光不少，故很快就谈成了这笔交易。最后，这位课长热切地握着土光敏夫的手说："下次，本公司无论如何一定买东芝的产品，但唯一的条件是董事长不必亲自来。"随同土光敏夫前往洽谈的业务员，目睹此情此景，深受教育。

## 妙语新悟

土光敏夫此举不仅做成了生意，而且以他坦诚的态度赢得了顾客。此外，他这种耐心而巧妙的营销技术，对本企业的广大员工是最好的教育和启迪。东芝公司在土光敏夫的带动下，营销活动十分活跃，公司的信誉大增，生意兴隆发达。

在企业中，管理者本身的行为对员工会产生影响。管理者对工作的狂热，在企业内部会形成一种工作狂热的气氛。这样的气氛便可视为一种非权力影响力，虽然会带给员工压力，但更能激发员工工作的热情，使之更好地为企业效力。

热情使人产生成就，也会影响感染别人。优秀的管理者都有着自己的管理方法。在他的带领下，员工渴望在某一领域做出成绩，领先他人，这也是那些一流企业能充分发挥一流人才才能的奥秘。

一个从政者如果想事业有成，必须具备一种良好的政治品德，那就是诚敬自己的职务，不辞劳苦，身先士卒，尽心尽力、毫不厌倦、不顾疲劳地履行自己的职责。孔子在这里虽没有讲从政的具体策略，而重点讲从政者的素养、情操，或者说是强调从政者的执政态度、工作作风和精神面貌。"先之"、"劳之"、"无倦",确实是关系到国家政治的大事,同时也是符合对执政者的要求的。

# 顾全大局,适当放权

子曰:"泰伯,其可谓至德也已矣。三以天下让,民无得而称焉。"

——《论语·泰伯第八》

孔子为什么说泰伯是品德最高尚的人呢?因为他能三次以天下相让,让有才有德者居之,他的做法让人民都不知该怎样称赞他。

对于一名现代管理者而言,授权是一门必修的学问,当然,我们不需要像泰伯那样,将自己的位置让出去,但在合适的情况下、以合适的方法将部分权力下放确实是十分必要的。

现代社会活动错综复杂,一个管理者即使三头六臂,也不可能独揽一切。一个高明的管理者,其高明之处就在于明确了下级必须承担的各项责任之后,授予其相应权力。从而使每一个层次的人员都能司其职,尽其责。管理者除了作出必要的示范外,一般对部属无须太多干预,不宜事无大小一律过问。

有的管理者担心部属把事情弄糟，在授权时常常犹豫不决，甚至宁愿自己动手去做，这样领导就难以摆脱琐事的纠缠，同时又使下属无所适从，得不到锻炼。

## 案情陈列

某公司的赵经理把当月的公司生产计划交给了生产部的薛艳华经理，并且要求她全权负责生产计划的实施工作，当然也包括在生产计划实施过程中的人员调配、原料供给等工作。

当薛艳华接受任务之后，就很快把生产计划中所需要的人员进行了调配，一些机器设备也进行了检查，工作看起来一切顺利。

就这样过去了一周时间，当公司赵经理来生产部门视察的时候，发现第一周的生产量就已经完成了整个生产计划的三分之一。结果赵经理非常生气，就把薛艳华叫了过来："你说你是怎么搞的，第一个星期就完成了这么多，工人过度劳累，机器过度磨损可怎么办？"

于是薛艳华就听从了赵经理的意见，有意把生产速度给降低了下来，可是到了第二周的工作汇报会议上，赵经理发现产量居然比第一周降低了四分之一。这一下子赵经理又不愿意了，他埋怨道："小薛，你说你是怎么回事，这周的产量怎么会下降这么多呢？你要加强对生产部门的管理啊，不然生产计划可能就无法按时完成了。"结果薛艳华听完赵经理的这些话之后，真的不知道该怎么办了。

刚开始的时候薛艳华还特别高兴，想着自己得到了领导信任，领导把如此重要的工作让自己负责。可是自从受到了赵经理的两次批评之后，薛艳华开始怀疑赵经理是不是真的让自己全权负责，所以到了最后，薛艳华也没有当初那股热情了，开始主动去请示领导如何安排生产。

## 妙语新悟

其实赵经理并不是不想让薛艳华全权负责，他只是想能够督促一下薛艳华，让她把这项工作完成得更好。可是由于赵经理的方法不当，最后给薛艳华造成了一种错觉，认为赵经理是想自己亲自出马，从而自己没有了工作的积极性，结果工作不仅没有进步，反而朝着不好的方向发展。

授权并不是一件简单的事情，一定要掌握一些方法。如果从科学的角度来看，授权其实是一种用人的策略。

如果能够把自己手中的权力下放，从而让出色的员工感觉到自己获得了领导的信任，这样就更能提升员工们工作的积极性和整个团队的凝聚力与竞争力。

充分授权就是说领导向下属授予权力的时候，并不是明确说明赋予下属哪种权力，而是让下属在工作过程中，在领导认可的范围之内自由发挥和利用好手中的权力。这样一来，下属就能够更好地实现自我，在精神上得到很大的满足，从而可以让下属一些好的想法得到展示。

当然，管理者授权时还要考虑，哪些权力是必须保留而不下授的？一般说来，管理者至少要保留以下几种权力：事关公司前途的重大决策权；直接部属和关键部门的人事任免权；监督和协调各个部属工作的权力。

这些权力均属管理者本人工作范围内的职权，不宜下授。

管理者在权力授出之后，还必须加强对部属的检查和协调工作，以观察部属能否正确使用所授予的权力。管理者只要能掌握一套强有力的检查控制系统，运用行之有效的检查控制方法，就能保证部属各司其职，各尽其责，使各项工作得以高效地开展。

人才特别是知识分子，大多有较强的自信心和自尊心，有成就感和荣誉感，有通过自己的努力去完成某项工作或某种事业的心情和愿望。因此，管理者应该充分信任他们。

授权之后就放手让他们在职权范围内独立地处理问题，使他们有职有权，创造性地做好工作。对他们的工作除了进行一些必要的领导和检查外，不要去指手画脚，随意干涉。无数事实证明，这是一项用人要诀和领导艺术。信任人、尊重人，可以给人以巨大的精神鼓舞，激发其事业心和责任感，而且只有上级信任下级，下级才会信任上级，并产生一种向心力，使管理者和被管理者和谐一致地工作。相反，当一个人的自尊心受到伤害时，他就会本能地产生一种离心力和强烈的情绪冲动，影响工作和同志关系。

授权与信任密切相关。一个管理者，如果不相信下级，那么就很难授权予下级，即使授了权，也形同虚设。有的领导一方面授权予下级，一方面又不放心，一怕他不能胜任，二怕他以后犯错误。对有才干的人还怕他不服管，具体表现为越俎代庖，包办了下级的工作；越权指挥，给中层领导造成被动；不懂某方面的专业知识，却干涉下级的具体业务，甚至听信谗言，公开怀疑下级，等等。凡此种种，都会挫伤下级的积极性，不利于下级进行创造性的工作。

# 下属有错，能宽则宽

子曰："居上不宽，为礼不敬，临丧不哀，吾何以观之哉？"

——《论语·八佾第三》

领导者一定要有容人之量。在一定意义上说，一个人能容多少人，他就能成就多大的事业。如果连一个人也不能容忍，那他也只能对影自怜、自娱自乐了；如果一个人能够容纳天下的人，那就可以做事了。

对此，孔子也提出了自己的观点，他说："坐在上级的位置，待人不宽厚；执行礼制，不庄重认真；遇到丧事，不悲哀。这还有什么可以看的？"

事实上，历史上很多优秀的领导者，对待下属的无意之过都是睁一只眼闭一只眼，在一些细小的事情上他们都无比糊涂，不会把下属逼得每日战战兢兢，如临深渊、如履薄冰。但是当遇到大事情的时候，或者是触犯了大原则的时候，他们也毫不客气，一点也不手软。

## 案情陈列

本田宗一郎不仅是一位著名的企业家，而且是一位不断完善自己和周围人的德行的人。他通过实施一套独特而又恰当的管理方法，激发了职员们不怕失败、敢于向自我挑战的勇气。1954 年 4 月，宗一郎将自己亲自制定的《我公司之人事方针》发表在公司的报纸上，公开表示要关心职工，并和他们交朋友，聆听他们的意见，让职工拥有充分的自由，有和干部辩论的权利……

1959年，宗一郎开始了迈向世界的第一步，创办了"美国本田技研工业公司"。川岛被任命为公司的负责人，时年39岁，还有两名年轻的助手分别为小林隆幸和山岸昭之。对川岛一行的这次出征，本田公司的领导层内担心者不在少数。但宗一郎对川岛等深信不疑。然而，川岛一行出师不利，在前6个月的时间里，收效甚微，仅仅售出200台摩托车，且未收到货款。

宗一郎得悉这一消息后，没有对川岛一行严厉斥责，而是提示他们了解美国摩托车市场的交易规律，还有美国居民的消费心理，改变营销策略，继续开展业务。到了1961年年底，本田公司在美国已拥有500家销售点，进军美国市场已初见成效。

## 妙语新悟

给年轻人提供施展才能的机会，不怕他首战失利，也不怕暂时的利益亏损，重要的是激发他的潜能，运用他的聪明才智，为企业发展注入新鲜活力，是本田宗一郎一贯的用人思想。与那些只重眼前利益、唯恐亏损的经营者相比，宗一郎的做法充分展现了一个企业家的宽阔胸怀和容人之量。这就是本田公司能够发展壮大的原因之一。

对于部下或同事的失误，不能抓住不放、小题大做、四处宣扬，而要以诚感人，"爱语"纠错。当他人遭受失败时，如果不假思索地进行呵斥，只会激起失误者的逆反心理，不利于事情的发展。聪明的做法是用柔和之词去启发劝导他修正错误。如此，失误者才会心悦诚服地接受你的见解，并心存感激。

当犯错的人是你自己的时候，都渴望得到别人的谅解，得到别人的支持。同样地，当你面对的是一个犯错的人时，对方也抱着这样的心情。所以，打开你心里的那扇窗户吧！你会发现，当你对别人表示宽容的同时，也会得到同样的回报，而你的朋友会越来越多。

其实，下级对上级行礼要恭敬，上级对下属则应该爱护，双方都应该做到诚恳、真挚。而且当别人遇到悲痛的事情的时候，我们也要表现出真诚的哀痛，否则你就没有必要假惺惺地去关心别人。

"容人之过，方能得人之心"。有过失的人常常希望得到别人的宽容和友谊，希望能够得到改过自新的机会。这种需要一旦得到满足的时候，他们的对立情绪也会立即消失，感恩戴德。

俗话说："受人滴水之恩，必当涌泉相报。"这种情况也会很快在心理上占据主导地位。如果在这个基础上，能够稍加引导，就会产生像"戴罪立功"那样的心理效果。

其实，一名领导宽宥属下的某些过失，能够宽大为怀，容人之过，念人之功，谅人之短，扬人之长，那么必然会得到部下的奋力相报，换句话说，也是在客观上为自己留下了一条后路。

# 第八章 / chapter 8

## 金玉良言话职场：
## 以道事君，不可则止

如何才能在职场上少遇坎坷？这就要求我们去遵循一个『道』。所谓职场之道，既是我们的职业态度，也是我们的做事原则，也是我们的求进精神；既是我们的做事原则，也是我们的处世艺术。一个人若是匮乏职业精神，好逸恶劳、自由散漫，又不懂与人合作、与人相处，别说难以成才，就是天生才华横溢，也是无法得到发挥的。职场人士需要做到：在内坚持自我，积蓄力量；在外圆融无碍，善于与人相处，这才是职场生存的不二法门。

# 欲善其事，先利其器

子曰："工欲善其事，必先利其器。居是邦也，事其大夫之贤者，友其士之仁者。"

——《论语·卫灵公第十五》

孔子说："一个做手工或工艺的人，要想把工作完成，做得完善，应该先把工具准备好。"是的，对于一个职场人士而言，倘若你想要在工作中有所建树，那么，先将专业做通、做精是必要的条件。

然而，现实生活中，很多人总是喜欢抱怨上天不公，抱怨自己怀才不遇，未能人尽其才，甚至因此不思进取、自暴自弃，最终沦为时代的淘汰品。俗话说得好，"三百六十行，行行出状元"，为什么一块普通铁块，在某些铁匠手中能够成为将军手中的利刃，而在另一些铁匠手中，只能成为农夫手中的锄犁？答案很简单，前者精于本业，不断锤炼自己的专业技能，后者不思进取，只求草草谋生。

戴尔·卡耐基曾经说过："与其抱怨别人不重视我们，不如反省自己，不断提高自己的能力。"倘若我们能够在自己所处的领域中，以饱满的热情、以一丝不苟的态度、以不断进取的精神，去迎接看似枯燥乏味的事业，相信你就一定能够实现自己的人生价值，一定能够获得荣耀与肯定。

## 案情陈列

　　多年以前，一位大学生被派往新斯科舍省进行勘测。这片土地非常贫瘠，到处是花岗岩和鹅卵石，进行工作时只能完全依靠徒步行走。这里几乎没有肥沃的土地和珍贵木材，乍看上去，它根本不值得人们如此艰辛地加以勘探，因为似乎没有什么发展前景可言。很显然，这位青年面临着一系列考验，但他始终秉持原则，尽最大的努力去从事这项工作。

　　即使在 10 年以前，调查所及的 4000 平方千米的范围内，也不过居住了 26 个人而已。此后不久，人们在这里发现了黄金，这个重要矿脉线索使人们认识到，要想成功地找到黄金，需要调查人员做出精确的勘测。后来，专家们在青年人已经取得的成果上继续勘探，他们不断、反复地试验，以确定黄金矿脉的准确位置。在他们非常细心地完成这份工作以后，政府最优秀的勘测员宣布——我们已经没有必要再进行这项工作了，因为那位青年人在这一方面所做出的每一个结论，都达到了最高水平。

　　你想了解这位年轻大学生细心调查完"新斯科舍"后的人生经历吗？他就是威廉·道森，如今蒙特利尔市麦克吉尔大学的教授。因为精心于自己的工作，他的人生取得了极大成功。

## 妙语新悟

要完成某项工作，需要的是技术；而要努力使它变得完美，则是一门艺术。

有一句名言："要想做好，就要做到善始善终。"要完成一项有价值的工作，就得花很长的时间，付出很大的努力。只有对工作用心负责，一个普通工人才能变为专家。不管是对于老板，还是对于普通职员来说，都应该忠于职守，高效地完成本职工作，尽自己的最大努力把它做好。

无论处于何种境地，无论我们所从事的事业多么琐碎，一旦承担下来，就要把它做精、做好，这是生存的准则。要知道，只有在小事上细心勤勉的人，才能被委以重任；只有竭尽全力投身于工作之中，不断超越、完善自身能力的人，才能够有所成就，才能够进一步发展和提升自己。

人的力量和才能，只有在不断地运用中才能得到发展。如果你只付出了一半的努力，并就此满足，那么你就浪费了另一半才能。如果你认为自己完全可以从事更重要的工作，而现阶段你的工作又微不足道，那么你完全不必为此感到伤心和烦躁。你要知道，如果你具备非凡的才能和卓越的品质，不管你的地位多么卑微，终有一天会出人头地。

其实，我们每个人都有自己特有的天赋与专长，从某种意义来讲，我们每一个人都可以称为"天才"。但是往往只有极少数人能够发现自己的天赋，并且把它充分发挥出来，最后他们才获得了真正的成功，也自然而然成了真正的天才。

可是，对于我们大多数人而言，直到白发苍苍也没有发现自己真正适合去做些什么事情。我们不难想象，在每天当中，不知道有多少天才带着他们终生的遗憾离开人间。

发现自己的长处，对于我们选择走什么样的道路、选择做什么样的事情具有重要的意义。而且这还可以避免我们盲目地进入一个自己并不适合、并不擅长的领域，或者可以说让我们避免在一个不具备任何优势的位置上浪费太多的时间。

只要我们在自己最擅长的领域，找到一个最佳的位置，并且充分发挥出自己的所长，坚持不懈地做下去，那么我们就一定能够有所突破，进而获得成功。

# 口不多言，停止抱怨

或曰："雍也仁而不佞。"子曰："焉用佞？御人以口给，屡憎于人。不知其仁，焉用佞？"

——《论语·公冶长第五》

有人说："冉雍是个仁人，但口才却不好。"孔子说："何必要口才呢？凭口才同人家辩驳，常常引起别人的讨厌。我不知道冉雍是不是有仁德，但为什么一定要有口才呢？"是的，能说未必就好，尤其是在职场上，喋喋不休，不断地抱怨，总是会令你处于被动的境地。

正所谓"恶语伤人六月寒"，说者无心，听者有意。身在职场，很多话我们能不说就不要说，很多事情即便超出了你的本职工作范围，也就心甘情愿些吧，抱怨总是无济于事的，相反，它还会埋没你的功劳。

## 案情陈列

佟立静是一家公司的行政助理，同事们都把她当成公司的"管家"，大家事无巨细，都来找她帮忙。这样一来，佟立静每天事务繁杂，忙得团团转，牢骚和抱怨也就成了家常便饭。

这天一大早，又听她抱怨："烦死了，烦死了！"一位同事皱皱眉头，不高兴地嘀咕着："本来心情好好的，被你一吵也烦了。"

其实，佟立静性格开朗外向，工作认真负责，虽说牢骚满腹，该做的事情，则一点也不曾含糊。设备维护、办公用品购买、缴通信费、买机票、订客房……佟立静整天忙得晕头转向，恨不得长出八只手来。再加上为人热情，中午懒得下楼吃饭的人还请她帮忙叫外卖。

刚交完电话费，财务部的小李来领胶水，佟立静不高兴地说："昨天不是刚来过吗？怎么就你事情多，今儿这个、明儿那个的？"抽屉开得噼里啪啦，翻出一个胶棒，往桌子上一扔："以后东西一起领！"小李有些尴尬，又不好说什么，忙赔笑脸："你看你，每次找人家报销都叫亲爱的，一有点事求你，脸马上就长了。"

大家正笑着呢，销售部的王娜风风火火地冲进来，原来复印机卡纸了。佟立静脸上立刻晴转多云，不耐烦地挥挥手："知道了，烦死了！

和你说一百遍了，先填保修单。"单子一甩："填一下，我去看看。"佟立静边往外走边嘟囔："综合部的人都死光了，什么事情都找我！"对桌的小张气坏了："这叫什么话啊？我招你惹你了？"

态度虽然不好，可整个公司的正常运转真是离不开佟立静。虽然有时候被她抢白得下不来台，也没有人说什么。怎么说呢？应该做的，她不是都尽心尽力做好了吗？可是，那些"讨厌"、"烦死了"、"不是说过了吗"……实在是让人不舒服。特别是同一办公室的人，佟立静一叫，他们头都大了。"拜托，你不知道什么叫情绪污染吗？"这是大家的一致反映。

年末时，公司民意选举先进工作者，大家虽然都觉得这种活动老套可笑，暗地里却都希望自己能够榜上有名。奖金倒是小事，谁不希望自己的工作得到肯定呢？领导们认为，先进非佟立静莫属，可一看投票结果，50多份选票，佟立静只得12张。

有人私下说："佟立静是不错，就是嘴巴太厉害了。"

佟立静很委屈："我累死累活的，却没有人体谅……"

## 妙语新悟

什么叫费力不讨好？像佟立静这样，工作都替别人做到家了，却为逞一时之快，牢骚满腹，结果前功尽弃。当今社会，竞争愈演愈烈，我们不可能一直在竞争中处于绝对优势，更不可能捧得一份铁饭碗，"存在"固然未必"合理"，但抱怨只能令我们碌碌无为。将不满藏在心中，矫正心态，积极地去应对那些令你怨气横生的人和事，这才是聪明女人该做的事。

　　日常生活中，许多职场人士在感到自己遭受不公平待遇时，立刻便会表现出不满、愤怒的情绪，甚至会暴跳如雷，破口大骂。然而，这些行为只能简单发泄一下自己激动的情绪，于对方却丝毫无损，不但白白耗费了力气，甚至有可能引来别人的敌视，让自己受到更深的伤害。

　　语言是交流思想感情的工具，没有语言，也就没有人类的发展。人们在交往中，没有语言做桥梁，就无法沟通，也就一事无成。但是语言能成事，也能坏事，所以古人认为凡事少说为妙。不是不说话，而是该说的要说，不该说的不说，要考虑好了再说，否则一言有失，即酿大祸。忍言慎语，首先便是要戒伤人恶语，荀子说："伤人之言，深于矛戟。"意思是说，伤害别人的语言，比用尖锐的长矛和战戟刺伤人的肉体还要厉害。戒伤人之恶言，是搞好职场人际关系、与同事和睦相处的重要法则。

# 做事勤勉，不贪安逸

　　子曰："君子食无求饱，居无求安，敏于事而慎于言，就有道而正焉，可谓好学也已。"

　　　　　　　　　　　　　　　　　——《论语·学而第一》

　　孔子认为，志向远大者不仅要有勤学好问的精神，而且要有不纠缠于吃饭、穿衣、住房等"俗务"的毅力和能力。虽然，这有些不近乎"人情"，但对于一个已确立了崇高追求目标的人来说，吃饭穿衣是为了活着，而活着不是为了享受吃饭穿衣的饱暖安逸。因此，一个人只有把自己的全部精力都倾注到事业上来，才能做到办事机敏果决，不断改正错误，不断进步。

　　毋庸置疑，在突飞猛进、竞争激烈的时代，墨守成规、安于现状显然是不行的。因为它足以令你失去很多机会，失去竞争能力，从而失去成功的可能性。你不能再留恋舒适但危险性十足的现状了，你必须突破自我，重新塑造自我，必须有意识地去培养自己的应对能力及竞争力，只有这样，你才能达成自己的人生目标。

　　这种情况在风云变幻的职场中表现得尤为明显。行业在发展，公司在壮大，每天都会有思维活跃、能力不俗的新人或是业内资深人士"闯进"你所处的领域或公司。对于他们的到来，你将采取何种姿态加以应对？若依旧自以为是、不思进取，继续在那里原地踏步，即便你曾拥有"赫赫战功"，也终会被新锐所取代。

　　所以，要想更好地生存，就必须及时更新自我，只有不断学习新的技能、不断提升自身价值，才能增进自己的竞争优势，才不会被新锐力量"篡位夺权"！

### 案情陈列

　　美国ABC晚间新闻当红主播——彼得·詹宁斯，曾一度辞去令人艳美的主播工作。他毅然决定前往新闻第一线磨砺自己，这段时间，他从事过普通记者工作，做过美国电视网驻中东特派员，而后又被派往欧洲地区。

历练过后，当他再度回到 ABC 主播台时，已由略显青涩的"初生牛犊"转型为成熟稳健的主播兼记者，他受观众欢迎的程度在台内简直无人可比，他的事业俨然又上升了一个高度。

## 妙语新悟

彼得·詹宁斯的过人之处，在于他在跻身行业翘楚之列以后，并没有妄自得意、骄傲自满，而是选择将自己"下放"，继续为自己充电，从而使得自己的事业再次走向了高峰。毋庸置疑，彼得·詹宁斯的这种人生态度，是很值得我们学习的。

很多人的失败就在于他们固执于自己的惰性，结果因"安分"而丢掉了机遇。其实，成功并不难，你只要时时提醒自己，别被"满意"、"安分"所羁绊，努力求索、用心进取，那么成功离你必然不会太远。

很多时候，人们习惯固守着一成不变的生活，以至于形成惯性思维，只知安于现状，绝不肯轻易转变，最终导致自己的人生停顿不前，逐渐为社会所淘汰。

现实告诉我们，人一旦开始追求这些物质的享受，就会渐渐被它软化、腐蚀，以致让自己沉迷其中，不能自拔。所以，必须在一开始就树立起警惕性，并且用远大的事业目标来冲淡并取代它在生活中的地位。

# 业成于勤，多劳多得

叶公问孔子于子路，子路不对。子曰："女奚不曰，其为人也，发愤忘食，乐以忘忧，不知老之将至云尔。"

——《论语·述而第七》

在人刚开始面对自己的人生时，无论是学习、工作还是对某个目标的追求，必然要有一个需要强迫自己适应的阶段。但只要能把勤奋上进变成习惯和常态，进而找到追求的乐趣，整个过程和丰硕的结果都会让人从内心里感到快乐满足。一旦沉浸于自己所喜欢的事情中，人们同时也不会对时光的飞速流逝感到遗憾和恋恋不舍。这是一条通向成功的必然途径，同时也是获得精神愉悦和满足的源泉。

孔子就是如此，他发愤时竟忘记吃饭，快乐时就忘记了忧愁，甚至把自己就要老了这件事也不放在心上。他对于学习的这种态度，是很值得职场人士借鉴的。

倘若一个人在工作中能像孔子求学那样，不遗余力甚至废寝忘食，那么他一定能够做出出色的成绩。

其实在现实生活中，仅做好本职工作是远远不够的，要想在竞争中脱颖而出，要想快速地提升自我，你就要记住——每天再多做一点事。

诚然，你没有义务去做职责范围以外的事，但你要选择自愿去做，这是驱策自己快速前进的动力。率先主动是一种极为珍贵、备受看重的素养，它能使人变得更加敏捷、更加积极。无论你是管理者还是普通职员，是亿万富豪还是平头百姓，每天多做一点，你的机会就会更多一点。

每天多做一点，也许会占用你的时间，但是，你的行为会使你赢得良好的声誉，并增加他人对你的需要。

## 案情陈列

对詹姆斯·波帕尔一生影响深远的一次职务提升是由一件小事情引起的。一个星期六的下午，一位律师走进来问他，哪儿能找到一位速记员来帮忙——手头有些工作必须当天完成。

詹姆斯·波帕尔告诉他，公司所有速记员都去观看球赛了，如果晚来5分钟，自己也会走。但詹姆斯·波帕尔同时表示自己愿意留下来帮助他，因为"球赛随时都可以看，但是工作必须在当天完成"。

做完工作后，律师问詹姆斯·波帕尔应该付他多少钱。詹姆斯·波帕尔开玩笑地回答："哦，既然是你的工作，大约800美元吧。如果是别人的工作，我是不会收取任何费用的。"律师笑了笑，向詹姆斯·波帕尔表示谢意。

詹姆斯·波帕尔的回答不过是一个玩笑，并没有真正想得到800美元。但出乎詹姆斯·波帕尔意料，那位律师竟然真的这样做了。6个月之后，在詹姆斯·波帕尔已将此事忘到了九霄云外时，律师却找到了詹姆斯·波帕尔，交给他800美元，并且邀请詹姆斯·波帕尔到自己公司工作，薪水比现在高出800多美元。

一个周六的下午，詹姆斯·波帕尔放弃了自己喜欢的球赛，多做了一点事情，最初的动机不过是出于乐于助人的愿望，而不是金钱上的考虑。詹姆斯·波帕尔并没有责任放弃自己的休息时间去帮助他人，但那是他的一种特权，一种有益的特权，它不仅为自己增加了 800 美元的现金收入，而且为自己带来一项比以前更重要、收入更高的职务。

## 妙语新悟

每天多做一点，初衷也许并非为了获得报酬，但往往获得的更多。

要想成为一名成功者，必须树立终身学习的观念。既要学习专业知识，也要不断拓宽自己的知识面，一些看似无关的知识往往会对未来起巨大作用。而"每天多做一点"则能够给你提供这样的学习机会。

我们不应再有"我必须为老板做什么"的想法，而应多想想"我能为老板做些什么"。一般人认为，忠实可靠、尽职尽责完成分配的任务就可以了，但这还远远不够，尤其是对于那些刚刚踏入社会的年轻人来说更是如此。要想取得成功，必须做得更多更好。一开始我们也许从事秘书、会计和出纳之类的事务性工作，难道我们要在这样的职位上做一辈子吗？成功者除了做好本职工作以外，还需要做一些不同寻常的事情来培养自己的能力，引起人们的关注。

付出多少，得到多少，这是一个众所周知的因果法则。也许你的投入无法立刻得到相应的回报，也不要气馁，应该一如既往地多付出一点。回报可能会在不经意间，以出人意料的方式出现。最常见的回报是晋升和加薪。除了老板以外，回报也可能来自他人，以一种间接的方式来实现。

做一点分外工作其实也是一个学习的机会，多学会一种技能，多熟悉一种业务，对你是有利无害的。同时这样做又能引起老板对你的关注，何乐而不为呢？

# 讳疾忌医，职场大忌

子曰："丘也幸，苟有过，人必知之。"

——《论语·述而第七》

有一次，陈司败问孔子："鲁昭公知礼吗？"

孔子说："知礼。"

孔子出去以后，陈司败向巫马期作了个揖，走近他说："我听说君子是不偏袒别人的，难道君子也偏袒别人吗？鲁君从吴国娶了位夫人，是同姓，称她为'吴孟子'。如果说鲁君知礼，还有谁不知礼呢？"

巫马期把这些话转告给孔子。孔子说："我真幸运，如果有了过错，人家一定会知道。"

虽然孔子在这里所犯的"错误"并非疏忽或无知，而是"代君受过"，但他依然胸怀坦荡地接受了别人的批评，并以此而感到幸运。这种为人的气量和态度无疑值得人们去学习。讳疾忌医、掩饰自己的缺陷，对自己有什么好处呢？也许人们都知道"不好"，但从心理上总是转不过弯来，这其实是一种"糊涂"的表现。真正的君子，不但会像孔子那样，而且也总会有意识地进行自我监督。这样，才能不断地获得进步。

"我不知道"、"我错了"，这两句话是为人下属者最不敢也不愿讲的话。他们生怕讲出来后会被领导小觑或责骂，其实不然，说出来，只会让领导觉得你更真诚、更值得信任。

在这个世界上，每个人都有自己的特长，也有自己的弱项。在某一方面薄弱并不是什么可耻的事。把它说出来，会让人觉得你更诚实，而不是无能。

当领导跟你讨论或交代某件事情，而你恰恰没想过这事或还没考虑成熟，切不可不懂装懂地胡侃或胡乱地应承下来。因为，你的说法是经不起推敲的，它会让上司觉得你是胡说八道，甚至对你说过的、知道得很清楚的东西都产生了怀疑。胡乱应承下来更是后患无穷，你没有明白其中的意图或对其真实情况都不熟悉甚至不知道，这事你怎么做？

这时候，说一句"我不知道"、"我还不太清楚"都会显得你严谨踏实、谦虚谨慎。这句"不知道"会让你了解更多的信息，或者能得出有利于你选择的方法。

## 案情陈列

沃勒是一位美术设计师，他为约翰逊总统设计一份宣传品后，突然收到了总统的电话，说设计有点问题。沃勒急忙赶到，看完宣传品后果然发现了一处错误。于是沃勒说："总统先生，您说得对，我错了，我没有任何理由为自己辩护，我应该做得更好，我很抱歉。"

总统却开始莫名其妙地为他辩护起来："你是对的，不过，你确实犯了一个错误，只是……"沃勒打断了他的话，说："任何错误，都可能造成很大的损失，而且任何错误都会令人不快。"总统想插话，但沃勒继续讲道，"您给我这个机会，您应该是满意的，因此，我把它重做一遍。"

"不！不！"总统立即表示反对，"这仅仅是一个细节问题，并且也没有造成损失，你只需做些局部改动就可以了。"

之后，总统又把新的任务交给了沃勒。

## 妙语新悟

这样看来，承认自己所犯的错误会帮你解脱麻烦。沃勒承认错误的急切心情让总统的火气顿消，纠正错误的诚恳态度又让总统不忍心为难他。

做错了事情，勇敢地承认往往还会给你带来心理上的轻松，认错能有效地消除内疚心理防御的心情，让你丢掉思想包袱，这不也是一件好事吗？

工作中出了差错，明知无论如何都要受到批评，抢在领导批评之前承认自己的错误会更好。因为这样一来，十拿九稳地会获得领导的同情和宽容，而你所犯的错也会最大限度地缩小。何况，自己认错不是比忍受批评的感觉更好一些吗？

多数人都会为自己的错误辩护，而勇于承认错误就会显出你的难能可贵，会特别引起领导的注意和信任。

　　古语云："知错能改，善莫大焉。"但要"能改"，得先"认错"，所以我们认为敢于说"我错了"，也是"善莫大焉"。因为认识到自己的错误，承认自己的错误，就是承认自己在哪些方面有欠缺，就会加以纠正和弥补，从而沿着正确的轨道走向成功。

　　每个人都非全才，当力有不逮时或犯了错时，就要勇敢地承认，领导会乐于帮你的忙，硬撑着只会让问题越弄越糟，到最后你在领导心目中的形象也会大打折扣。

# 先作贡献，再谈收获

　　子曰："事君，敬其事而后其食。"

　　　　　　　　　　——《论语·卫灵公第十五》

　　我们为什么读书？为什么从政？为什么工作？不是为了自己吃饭，是为了对社会、国家有所贡献。假如没有贡献，无论在安定的社会或动乱的社会都是可耻的。

　　孔子"敬其事而后其食"的观点，不仅表现了他严格要求自己，始终把社会责任放在首位的高远境界，同时对于世人也是有益的劝诫。它是人类维持社会正常秩序、人生实现其社会价值的重要策略。人与社会之间是相互依存的关系，在人与社会这种相互依存的关系中，每个人首先应该想到为社会先作贡献、多作贡献，促使社会财富迅速增加，逐渐发达，然后再谈取之于社会。

身在职场，我们同样应该秉持这种工作态度。对待工作，如果你付出得越多，你得到的就越多。所以，工作中不要有"做一天和尚撞一天钟""拿多少钱，做多少事"的想法。如果你每天多做一点，初衷虽然不是为了报酬，但往往获得的也更多。

## 案情陈列

有一位大学生毕业后在一家科研单位上班，工作很长一段时间后还是个小小的助手。每天守着那些瓶瓶罐罐，干些洗洗涮涮、扫地倒水等简单的体力劳动。"大学生"怎么也想不通，逐渐就有些自暴自弃了：凑合干下去吧，等合同期一满，我就走人，这破地方不可久留。

但此后不久，一件意外的小事刺激了他：和他同学校毕业比他早两年来的师兄因为平时工作勤奋认真，被任命为课题组组长。"大学生"平时和他关系不错，那位师兄从来不像"大学生"那样抱怨，相反，他总是安慰他要把目光放长远一些，不要只看眼前利益。

"大学生"平时总对师兄的劝告不以为然，现在似乎有点明白了：我以前怎么老有那么多不切实际的幻想呢？一个刚毕业的学生，没有任何社会经验，没有参加过多少实践活动，单位凭什么信任我、对我委以重任呢？平时还总是自诩有远大的抱负，其实，在别人眼里我只是个既不踏实又很幼稚的牢骚鬼罢了。

"大学生"终于回到了现实之中，不再总是抱怨怀才不遇了。他逐渐发现，自己平日看不起的简单工作，实际也能使自己学到很多东西：工作时经常与老板见面，很多时候能亲眼看见他们是怎么做工作的，好像并没有自己当初想象得那么复杂。他感到自己真的有了进步，并且这种进步是踏实的。

## 妙语新悟

很多人都埋怨自己的运气不好，别人那么容易成功，而自己却总是在成功的边缘打转。其实，他们不知道，失败的原因正是他们自己。他们不肯在工作上集中全部心思和智力，做起事来无精打采、萎靡不振；他们没有远大的抱负，在事业发展过程中也没有排除障碍的决心。这样怎么能成功呢？

一个人要想适应未来社会的发展并走向成功，就要扮演好自己的工作角色。无论担任何种职务，做什么样的工作，都负有相应的责任，这是社会法则，这是道德法则，这还是心灵法则。公司不是慈善机构，既然支付薪金聘请你，就自然认为你所承担的工作别人无法替代，你的劳动成果的重要性是毋庸置疑的。在职业生涯中，努力工作是最基本的要求，每个人不仅要做好本职工作，更应该努力多做一点。西方有句名言：机会总是偏爱那些有准备的头脑，付出多少，就会回报多少。

不管是在商业界还是在艺术界或体育界，在所有的领域，那些知名的、出类拔萃的人与其他人的区别在哪里呢？回答是"就多那么一点点努力"。虽然只是多了一点点的努力，但是这一点点，可不是每个人都能做到的。

很多人把工作与酬劳计算得清清楚楚，多一分的努力都不愿意去做，或者说做了就得有回报。他们不认为多做这些工作还会为自己带来什么。不要以为领导整天什么都没看见，领导的眼睛长在你的脑后，你做什么他都看得清清楚楚。

一个人能够从平凡的工作中脱颖而出，一方面由个人的才能决定，另一方面则取决于个人的进取心。要知道，这个世界为那些努力工作的人大开绿灯。可以说，努力，是聪明工作的基础，也是最聪明的做法。

# 以道事君，不可则止

> 子曰："所谓大臣者，以道事君，不可则止。"
>
> ——《论语·先进第十一》

孔子一生向往的都是做个"君子"，从内心里鄙视小人，所以，他在从政为官方面一向主张"仁治"，希望为官、当权者能够内外兼修，提高自身的修养，以便更好地推行仁道。于是他说："没有修养好就让人去做官，是'贼夫人之子'。"所以他主张——以道事君，不可则止。意思是说，作为大臣，必须以正道来辅佐君主，如果行不通，那就别再做这个大臣了。

孔子在这里所讲的是为臣之道，亦即关于下级如何处理与上级之间的关系时的一个原则。毫无疑问，一个组织的力量很大一部分就来自上下级之间和谐的关系。作为下属，有责任、有义务来建立和维持这种和谐关系。但是为做到"死守善道"走向"活守善道"开辟了很大的可能性。在碰到一个冥顽不化、刚愎自用的上司的时候，无法依照自己的原则施展才干，或者被威逼做一些违背道义的事情，那么，宁可辞职不干也不会委曲求全。而孔子的一段为官经历，也正验证了他自己的主张。

## 案情陈列

夹谷之会过后不久，孔子以司寇之职而摄行相事，即代替鲁国执政之卿，管理鲁国最高的行政事务。这是因鲁定公在夹谷会盟之后对孔子更加信任，对其才华也更加赏识的缘故。

大权在握的孔子，踌躇满志，准备着手改变鲁国国君虚位，三桓擅权，而三桓又受其家臣控制的政治格局，重建君臣有道的政治秩序。他向鲁定公进言："依照周礼，大臣不该拥有私人的军队，大夫不该拥有百雉之城。"这是针对孟孙氏、叔孙氏、季孙氏而言的，因为他们分别占据着郕邑（今山东宁阳县境）、郈邑（今山东东平县境）和费邑，孔子的这番话，对鲁定公很有利，他表示赞同。

于是，孔子派出学生中最有军事才干的子路到季孙氏家当总管，开始有步骤地实施史称"堕三都"的大事。这一年是公元前498年。

虽然，由于各方面的阻力，这个行动没能完全实现预定的目标，可是，孔子毕竟在重建传统的政治秩序方面取得了一些胜利。面对着外交和内政上的成绩，孔子从不沾沾自喜，很注意自己的道德修养。平时在乡里人面前，他仍保持着谦虚淳朴而不夸夸其谈的一贯作风；在朝廷中议事时，则滔滔不绝，但又很慎重；对待上级，持公正不阿的态度；对待下级，则和悦近人。在孔子的理想一步一步地变成现实的情况下，内中隐伏的矛盾和危机也正在一步一步地向他逼来。

在"堕三都"之后不久，季桓子就不信任子路了。子路原是孔子派往季孙氏家当总管的，是"堕三都"的主要指挥者之一。当时季桓子接受子路，是想利用孔子来剪除公山不狃这股异己势力。因此，一旦公山不狃被击溃，再经公敛处父的话的点醒，季桓子就不能不对子路深怀疑忌了。因此，孔子的一名学生公伯寮在季桓子面前讲了子路的很多坏话，季桓子都听信了。有个叫子服景伯的人将这一情况告诉了孔子。孔子淡淡一笑，坦然地说："我的理想如果能实现，那是命该如此；如果不能实现，那也是命该如此。公伯寮怎能改变命该如此的事情呢？"这说明，孔子从季桓子不信任子路这件事预感到自己的政治生涯可能要发生逆转，自己的政治理想也许是命中注定不能在鲁国实现了。

失望的阴影越来越占据着孔子的心：鲁定公和季桓子迷恋于声色犬马之间，怠于政事。这和齐国的阴谋有关。齐国统治者眼看孔子参与鲁国政事后，鲁国不断走向清平、稳定和强大，更加担心起来，又是那位黎向齐景公说道："孔子主政，鲁国必会强大到称霸诸侯的地步。要是鲁国称霸了，我们与鲁国相邻，必然会最先受到吞并，不如先设法破坏他们的图强措施，以阻止他们的发展。"于是齐景公在国内挑选了80个漂亮的能歌善舞的少女，让她们穿上华丽的衣裳，并配上30辆华丽耀眼的马车，每辆车由四匹披挂五彩缤纷的骏马拉着，一起送给鲁国。这些美女和马车暂时停留在曲阜南门外，许多人都跑去围观，轰动一时。季桓子乔装前去偷看了三回，越看越想看，越看越爱看。在季桓子的怂恿下，鲁定公借巡视为名，也整天泡在南门外，沉醉在那些歌舞里，从此也不理朝政了，并对孔子疏远，不再乐于接受孔子的劝谏了。

子路忍不住生气，说："老师，我们可以离开了！"孔子说："再看看吧。鲁国不久就要春祭天地了，如果鲁定公遵守礼法，能把典礼后祭肉分送给大夫，就表明仍有可为，那么我们还可以暂时留下。"

可是，祭天过后，祭肉并没有送给孔子和各大夫。终于，孔子眼看鲁君已无道绝望了，他怀着沉重的心情辞去了职务，率领着一批弟子离开了鲁国的国都，另觅实现其理想的国度。

## 妙语新悟

"不可则止"不是一个缺乏毅力、缺乏自信者的逃跑借口。如果我们能客观地、历史地来总结古代思想，应该说"以道事君，不可则止"这一思想，既体现了孔子重道义、轻功利的做人谋事的有原则，同时也反映了孔子高瞻远瞩地把握时代特征、机动灵活地处世为臣的气魄和能力。孔子的事君之道，与腐儒的"愚忠"和以利事君，真是大相径庭。

正所谓"你有千条妙计，我有一定之规"。做下属理应忠诚，但绝不能愚忠。如果不管对错，凡事都听命于上位者，那么倘若他下的命令背离正道，又该如何处理？

如今，社会上一直提倡"忠于自己的公司"，这话固然没错，作为一名企业职员，对于公司的忠诚绝对应该放在不二之位。但是，"忠诚"也要以"值得"为前提，倘若你所在的公司只是求利，不求发展，又或从事一些不法勾当，那么你完全没有必要死守愚忠，与其一起沉沦下去，倒不如另谋高就，寻求更大的发展。